220年ぶりに変わる世界の星を読む

yuji 著

「風の時代」に自分を最適化する方法

JN046824

講談社

かわるせかい――原点回帰していく時代――

地球は今、変わろうとしています。

地球・宇宙の暦といわれる占星術で見ても、2020年はかつてないほど大きな転換期であると示されているのですが、星を見なくても誰もがわかるレベルと規模感で世界は今、大きな転換点にさしかかっています。

そのため、2020年は年初からずっとこの世界の変容に全世界の人の関心が向いていて、動画サイトもSNSも個人ブログも既存のメディアもこぞって今後の行方を予測しています。

占星術――星読みともいわれるこの星の羅針盤――は〝時代の節目〟を見るためにも使われていて、このところ世間で使われている言い方〝beforeコロナ〟の世界は、星の暦では〝物質〟の時代とされている土の時代にあたります。

例えば今までの土の時代には人々は大地を見つめ、河川の氾濫や鉄砲水にやられず、また、真夏の日差しに緑がこがされることもなく、安定した秋の実りを得られるかを考えていました。どこにどうやって杭を打ち込めば揺るがない家屋が建てられるかを見極め、そして、人々はそれぞれ、家や蔵を建てていきました。土の時代の最終章ともいえるここ数十年の間にはその技術も著しく発展し、人は高層建築を建てるようになりました。高層ビルがずらりと並ぶ、圧巻の摩天楼。そういったことからも土の時代とは〝高さ〟を目指した時代でもあったのかもしれません。

そして〝afterコロナ〟といわれているのは、同じく星の世界では〝風の時代〟といわれるものです。

次時代である風の時代には人はブロックを積み上げていくことや、土地を探すことをやめ、空を見上げていくでしょう。

じっとそっと空を眺め、どの風に乗ろうかと、風の流れを見極める。

一度上昇気流が吹くと、あとは翼を広げれば、天まで届きそうな勢いをもたらす風にふわっと乗ってしまえる。そうすれば、何かを積み上げて一段一段上っていくこともせず、一気にどんな高層の建物よりも高いステージへと舞い上がっていくことができるのです。

そのため、これからを生きる人類はもう大地だけを見るのではなく、空を見て、風を感じて生きていくこととなります。

そして、星の導くところによると、これからの世、つまりａｆｔｅｒコロナの世界／風の時代とは〝知性・情報・繋がり・思考〟にスポットが当たる時代であるといわれています。物質の世界の学びを終えて、新たな時代に足を踏み入れる私たちに求められるもの。それはものごとを解釈するセンス、面白いもの・楽しいこと・美しさを見つける感受性とそれを表現していく知性を磨くことです。

例えば、同じものを見ても〝綺麗なお花ですね〟と言うのか、何か、より深いコメントを残すのか。その差を生むのは閃き・引き出しの豊かさ・リアクションの才能・美的感覚といったもので、そのどれもが高度な〝知性やアンテナ力〟を必要とするものであります。はたまた、自らの内に深く潜り、その奥にある知の泉から本質的な言葉を見つけ出し、一つの作品として紡いでいく力や、降りてくる光景や夢想の中の世界といったものを世に打ち出し、作品としてまとめあげる才覚といったもの。そういう無から有を生むような〝風の時代のインテリジェンス〟こそが、これからの時代には高い価値を持つものとして認識されていくことでしょう。

また、直近の土の時代は前述のように〝上を目指すこと〟が大事で〝増やすこと〟が主たる目的に置かれていた時代でもありました。ただ、これからの風の時代にはそれらは意味を失い、より本質的なところへと人の意識が向かっていくことになるように思います。〝本当に大事なものは目に見えない〟とは『星の王子様』の一節ですが、まさに目に見えないものの価値が再考され、特に最初の数年は〝反動〟ともいえるような極端な矯正が行われそうな予感すらあります。

そうして多くの人たちが、

生きるとは？

人間性とは？

そもそも人間とは？

といった哲学的な問いを自らに問い直していくことになるように思います。

真に人間的な社会の実現。

それがこれからの風の時代において、我々が自らに問いながら求めていくものなのかもしれません。

✦ 目次 ✦

プロローグ　かわるせかい ── 原点回帰していく時代 ── 2

Chapter 1
星を読めば、時代がわかる

コロナというトリガーによって幕を開けた新時代 12
ソーシャルディスタンスが再構築した、自分と社会との距離感 21
もうあのハイテンション、ハイペースには戻らないし、戻れない 25
「大きな時代の変わり目」が、なぜ星でわかるのか 30
時代のセンターが変わるとき 36
私たちが生きてきた「土の時代」なるもの ── これまでの220年 ── 38
私が「土」にどっぷり浸かっていた頃 44
オワコン化していく「土の時代」の言葉 50
「歴史上の風の時代」から予想する「これからの風の時代」 53

✦ 目次 ✦

Chapter 2 今後200年間続く「風の時代」とは

風の時代の最初の20年 ―― 水瓶座の時代 ―― 58

風の時代のキーワード 64

風の時代の 働き方 正社員↓複業↓その先へ ～カレイドスコピックな世界～ 70

風の時代の 経済 市場から私場へ 76

風の時代の 職能 愛とセンスが財の種になっていく 80

風の時代の 主人公 風の時代は天才の時代 84

風の時代の タイミング アイディアは生まれたいときに生まれる 88

風の時代の 占星術 アストロロジカルな生き方が、新時代の主軸に 92

◆ 目次 ◆

Chapter
3 風の時代に自分を最適化する方法

クリアかどうか 100
Iを出せる場所…… 107
体に刻み込んでいくこと 110
自分の星を使えば、「風」への適応戦略がわかる 113

陽性 115
● 火グループ（火―土型、火―風型、火―水型） 116
● 風グループ（風―火型、風―土型、風―水型） 117

陰性 118
● 土グループ（土―火型、土―風型、土―水型） 119
● 水グループ（水―火型、水―土型、水―風型） 120

✦ 目次 ✦

Chapter 4 風の時代の生き方

これからの 人間関係 リアル↓リアル＆デジタル 122

これからの 恋愛・結婚 型を捨て、それぞれが各々の愛を生きる 130

これからの 仕事 好きなこと、やりがいのあること 139

これからの お金 GETする≠買う 146

これからの 消費 Iのみならず、WEを満たす！ 151

これからの 居場所 選ばれる土地・場所・町へ 155

目次

Chapter 5

［12星座別］新時代の波に乗る方法

♈ 牡羊座　ボーダーを越え、ワクワクする方へ　164
♉ 牡牛座　美意識強化委員となり、本物を世に伝えていく　170
♊ 双子座　旧時代と新時代を繋ぐ〝風のガイド〟　176
♋ 蟹　座　星の強制執行により新しいライフステージへ　182
♌ 獅子座　コラボレーターたちと連合王国を作る　188
♍ 乙女座　時代の軍師として世界を立て直す　194
♎ 天秤座　ひらめきを武器に、楽しさ優先で生きる　200
♏ 蠍　座　新しい土地を開き、次なる時代の畑を耕す　206
♐ 射手座　縦から横へと繋がりの形を変えていく　212
♑ 山羊座　猛烈な追い風に乗って、根っこから自分を変える　218
♒ 水瓶座　風の中でガイド灯をともす人　224
♓ 魚　座　表も裏もなく全てをさらけ出していく　230

エピローグ　236

Chapter

1

✦

星を読めば、時代がわかる

時代が音をたてて変わっていることは、
今だれもが実感しているはず。
2020年、この変化が起こることは、
星の暦の上ではすでに示されていました。
「大きな時代の変わり目」が
なぜ星を読むことでわかるのか、
生まれてから2020年まで私たちが
生きてきた、占星術では「土の時代」と
呼ばれる時代はどういうものだったのか、
詳しく解説していきます。

コロナというトリガーによって幕を開けた新時代

時代や世の中の変化に疎いと自認している方でも、今我々が直面している〝節目〟的なものにはさすがに〝これは何かが変わるサイン〟かもしれないなどと感じているはずです。

この世を生きるほとんどの人たちの最近の関心ごとの筆頭格はきっと、〝これからの世界はどうなるのか〟ということだろうと思います。

「時間が進んでいくとまた以前のように戻るのか」

これに対する答えは、私の専門領域である〝星〟を使ってお答えするならば、〝否〟です。

残念ながら時計の針は元には戻りません。

なぜなら、今は占星術的にいうところのミューテーション（＊1）というものが起きるところであり、**時代の大きな切り替わりのタイミング**を迎えていくからです。

しばしば映画とか各種メディアにも取り上げられることもあるので、ご存じの方も多いと思いますが、占星術上のタイムラインには火・土・風・水という4つの要素があり、それぞれが約200〜240年の期間を受け持ち、その役目を終えると次の要素に時代の主軸のバトンが渡されていきます。

そうして、時代は文字通り移り変わっていき、それにあわせて、時代の主人公たち、主たる産業や生き方といったものも変化していく……この世界はそういった設定になっているのです。

私たちが今いるのはちょうどこの時代の節目。18世紀末の**産業革命に端を発した土の時代が、2020年に終わり、次の時代である風の時代へと移り変わる**貴重な時を今、私たちは迎えているのです。

私たちがこれから迎える新時代、風の時代とはどんな世界観なのか。

星が伝えるところによると、それは土の時代の伝統ともいえる物質的なところに価値基準の中心が置かれることから離れて、〝**空気感**〟や〝**精神**〟といったものが価値を持ち、人の意識がそういったものにフォーカスされていく世とされています。

今までの感覚が〝more and more〟といったような目に見える豊かさを追っていく生き方とするなら、今後は〝**less is more**〟といえる、〝持たないクールさ〟といったことや、心に代表される日に見えないものが今よりもっと重要視される時代になっていくように思われます。

時代の主軸が変わるときは〝大きく新時代のメインドライブとなる何か〟が高らかに産声をあげるものです。

例えば400年ほど前になりますが、水の時代から火の時代に変わったときにはちょうど関ヶ原の合戦が起き、その後に徳川幕府ができ、いわゆる江戸時代となりました。武士階級による全国統治・江戸幕藩体制が生まれたのがちょうどこの火の時代といわれるものです。

また、火の時代から土の時代に変わった200年ほど前には産業革命にフランス革命と、時代の主人公が王侯貴族から〝民〟にシフトしていくことを暗示する出来事が立て続けに起きています。

そして、私たちが迎えるのは、土の時代からバトンを渡されることとなる〝風の時代〟です。

風の時代とはまさにその名の通り、強風が吹き荒れる世で、今まで私たちが(を)守っていたものが吹き飛ばされていく時代でもあります。

もちろんここでいう〝強風が吹き荒れる〟というのはたとえですが、旧時代に置いていくべき風習、アンインストールされるべき常識といったものは容赦なくその〝新時代の大いなる風〟によって、吹き飛ばされ、〝次世代に残すべきもの〟はきちんと残されていく。特に最初の数年はその旧時代のレガシーの禊《みそぎ》といえるようなことが多発すると思いますが、それはいついかなる時代の境目にも起きたこと。いわば、地球の自浄作用ともいえるようなものなので、もはや致し方のないことかもしれません。

「風」という新時代の幕開け

2020年は占星術の世界では〝新旧交代の節目〟とされている年です。前述のように〝時代が新しいものへとバトンタッチ〟されるからというのがその理由なのですが、そのシグナルは思った以上に早く、そして明確に示されることとなりました。

2020年が開けて間もない2月初旬、その新時代の到来を告げるもの、そして旧時代のレガシーの禊を行うものが私たちの世界に現れたのは、みなさんの記憶にもまだ新しいことと思います。

その**新時代の到来を告げるものとは〝COVID-19〟なる新型ウイルス**のこと。

源頼朝が鎌倉幕府を開き、武士が政《まつりごと》をする時代へと変わったように、また、ペリーが浦賀に来港して開国を迫り、鎖国が解かれたように、今回も何の因果か神奈川県が起点となって、時代の変化のドアがノックされることとなったのです。

「豪華客船内での集団感染」という、「豪華客船」＝土の時代の栄華を表すものが「風の時代からの使者ともいえる、目に見えないほど小さな侵入者・ウイルス」によって身動きが取れない状態となったことは、なんともシンボリックにこの時代の変遷を示しているとはいえないでしょうか。

旧時代のものが新時代のものによって時代のルールやあり方を覆されることは時代の移行劇にはつきもの。ただ、今は過去と違いネットもテレビもある時代ゆえ瞬く間に拡散され、全世界の人たちが〝時代が移行していくさま〟をその目で目撃することとなったのです。

COVID‐19なる**風の時代へと人類を強制移行させる**ための使者。その実態はマイクロサイズのオールドエイジバスター（旧時代のものを取り除いていくもの）で、空気のような存在の〝奴ら〟は土の時代の防御壁を難なくかいくぐり、国境を越え、文化、性別、宗教……を問わず人に感染し、その勢力圏を拡大しました。

その拡大速度は過去のどの侵略者、軍隊よりも速く、人類を震撼させ、その脅威により経済活動や旅・国境間移動に制限をかけ、我々の日常の生活様式すらも瞬く間に一変させました。しかも、数ヵ月ほどの間に、です！

時代の変わり目というのは得てしてわかりやすい形で起きることが多いのですが、まさかこんなにもわかりやすい形で〝before／after〟と銘打つことすら可能な形で時代が変わるとは……。

星の世界でははっきりと「2020年12月22日からは風の時代です！」と言われていて、今年の年末には新時代の門である、風の門が開き、それ以降は人類は新しい世界へと歩を進めていくとされていましたが、この一連の出来事はもちろんその〝風の時代のニュースタンダード〟へシフトするための前哨戦であると捉えてしかるべきでしょう。

「風の時代の到来により、今までの時代の当たり前が当たり前でなくなり、まったく違うスタンダードができていく……」

占いや星読み関係のコンテンツがお好きな方なら、このようなことが書かれた記事を2019年末あたりからすでに目にしていたかもしれませんが、〝星の世界のリテラシー〟がなくても、すでに多くの人たちがそう感じているに違いありません。withコロナともafterコロナともいえる「これからの世界」は、今まで私たちが慣れ親しんできたものとは全く別物となっていくはずです。

サードパラダイムシフト以降の世界 ――働くという概念からの解脱――

人がその行動様式を変えるに至ったパラダイムシフトというべきもの。有史以来、今まででそれは大きく分けると2回ほどありました。

農耕革命と産業革命がそれです。

そして今私たちが体験しているこの世界の変化劇は**情報革命**、まさに**サードパラダイムシフト**といってもよい規模感のものです。

紀元前7000年頃のファーストパラダイムシフト、農耕革命で農耕・貯蔵ができるようになったことで人類は〝食糧難〟や、飢餓のリスクから解放されました。またセカンドパラダイムシフトでは産業革命により物質的により豊かになっていき、資本家が誕生。王政や王君につかえるという〝出自をベースにしたヒエラルキー〟が支配する世界から経済が支配する世界へ、人々は移行していきました（もちろんファースト以降の世界にも〝飢饉〟は起きましたし、セカンド以降の世界でも大戦は起きましたが、かつてのずっと飢饉状態みたいな時期や百年戦争の時代から比べると各時代ともに〝それぞれの安定〟が得られた時代であったと思われます）。

そして2000年代に起きた**IT革命と今回のコロナショック**による大幅な後押しというミックス革命で、人類は働く場所や働き方の縛りから解放されようとしています。働く場所や誰といるか、そして、どうやって稼いでいくかも自由に選べる時代。もちろんそれを〝可能にする〟のはIoT等のテクノロジーの進化があってのこと。情報番組やテクノロジー系のコンテンツでもいわれているように、これからはロボット工学やAIが進化し、もっといろいろな職種で自動化が導入され、人が以前のようには働かなくてもいい時代となっていくはずです。

今回のサードパラダイムシフトというもの。それは簡単に言ってしまうと私たちを今までの概念でいうところの〝働く〟ということから解放してくれるものなのかもしれません。そして、〝情報の風の吹く場所〟であるサイバースペースこそが私たちがこれからの世界を生きる上での主戦場で、また、同時に私たちをいろいろな縛りやしがらみから解放してくれる自由区といえるものなのでしょう。

また、その**〝風の時代の基盤とツール〟を使いこなす**こと、うまく宇宙の風をうけてサーフし、その循環に自らを乗せていくことこそが、風の時代における基本的な生存戦略であり、また、前述の通り、これからは〝働く〟という概念がなくなっていくということであれば、次時代のクリエイティブクラスとも言われる高等遊民たちが増えていくことが予想されます。その中で頭角を現すには、より人間らしいエモーショナルなこと、エッジーなこと、また、オリジナルなことを表現できるのかということが重要になってくるはずです。

風の時代とは「どんなふうに・いくら稼ぐのか」ではなくて、「どんなクリエイターになっていくのか・どんなものをあなたは無から生み出していくのか」が問われる時代であり、それがそのままその人の価値になっていく時代であるとするならば、確固たる己のスタイルを求め、確立していくこと、そしてそのためのセンス・感受性を磨いていくことが、風の時代における成功戦略といえるのではないでしょうか。

（＊1）ミューテーション
約200～240年ごとに時代の空気をつくる主要エレメント「火」「土（地）」「風」「水」がローテーションするが、その転換期を指す。なお、ローテーションする順番は火→土→風→水であり、2020年は土から風に替わる。ちなみに水から火に替わるときをグレート（グランド）ミューテーションという。

ソーシャルディスタンスが再構築した、自分と社会との距離感

新型ウイルスの件が世を変え始めた2020年の上半期は、この世を生きるほとんどといってもいい人たちが激動の日々を過ごしたと思います。

新型ウイルスの登場は、大きなものから小さなものまで含めると、私たちの生活にたくさんの変化をもたらすこととなりました。

テレワーク、ライブ配信、大企業の副業の認可、クラウドファンディングやネット支援のシステム、マスクの着用（のマナーや義務）など、いろいろな変化が起こりましたが、そのうちの一つにソーシャルディスタンスといわれるものがあります。

並ぶ時には距離をあけようとか、密は避けよう！　とかそういうふうに使われることが主かと思いますが、この言葉の意味はその英単語の意味のとおり、ソーシャルディスタンス：社会的距離、社会との距離と取ることもできます。

自分と社会との距離、社会の中での自分のスタンスみたいなもの。

そういうふうに捉えるとこの言葉をとおして、神様・お星さまといったハイヤースピリ

ットが伝えようとしていることの真意がうっすらと見えてくるような気がします。

自分と会社や組織との距離は密すぎたのではないか？（会社組織等への依存）
誰かとのやりとりに違和感を感じて、正直疲れるのだが……。（ご縁のミスマッチ）
現状の繋がり・友人・知人との関係は〝メリット重視や断れないから付き合っている惰性的なもの〟で、気持ちとかフィーリングを完全に無視していなかったか。（経済やメリット至上主義への偏重）

世の中にはいろいろな理由で発生している関係性がありますが、ステイホームやソーシャルディスタンスが謳われるようになり、余計な飲み会や付き合いでの外出等が一旦休止となったことで、逆に〝気疲れがなく、日々の生活が楽になった〟という人たちも多いのではないでしょうか。

そして、その時におそらく上記のように、お付き合いや社交についていろいろと思索をめぐらせたり、考えたりした人も多いはずです。人も組織も恋愛関係にしても、あまりにもくっつきすぎると〝**共依存**〟のようになり、不健全な関係に陥ったりしてしまうもの。
今回の一件でそういった関係性は一旦引き剝がされて、久しぶりになんの依存関係もない、**中立な自分に戻った**と感じているという人はきっとたくさんいらっしゃると思います。

じっくり己と向き合ってよく考えてみると、今までの距離感が果たして合っていたのか、適正だといえるものだったのか？ あれで心地よかったのかな？ などと、ちょっとよくわからなくなってきたりする人もいそうです。

そういう意味では、今回のようにソーシャルディスタンスを意識させられることは、社会、人、お付き合い、恋愛関係、結婚観等、いろいろなことを根本から掘り返していくいいきっかけだったといえるのではないでしょうか。また、SNSやブログ等の発信を見ても、世間を見回してみても、〝外部要因〟を極力入れず、一人や家族のみと過ごすことで、〝本来の自分らしさ〟や自分というものを取り戻してきた人も多いように思います。

ちなみに今はソーシャルディスタンスですが、その距離が最適化されてくると、今度はソーシャルトランスフォーメーションへと発展し、今よりももっと心地よい、**〝バイブス・波長・波動〟でつながる世界**へと私たちの社会は進化していくこととなるでしょう。

土の時代には〝形・お金・ポジション〟みたいなものを媒介に、人と人、人と場所が繋がっていきましたが、これからの風の時代は〝知性の質（レベルではなく、あくまで質）〟

みたいなものを媒介に、人と人、人と場所が有機的に繋がっていく世となっていきます。

ウイルスを使って〝土の時代から風の時代〟のトランジションはこうして強制執行されたわけで、いくら〝星の仕業〟とはいえ、あまりにも強引で厳しいやり口ではあると思うのですが、そういえば失われた古代文明とかいわれているアトランティスやレムリアなんて海の底に沈められているしな！　と思えば、まだまだこれも序の口なのかしらと思えたりもするから不思議なものです。

もうあのハイテンション、ハイペースには戻らないし、戻れない

突然ですが、皆さんは「ぷよぷよ」や「テトリス」という巷でいうところの「落ちゲー」なるものをプレイしたことありますか？　すごく楽しくて実にハマれるタイプのゲームなのですが、限界値近くまで積み上がってくると、音もカン高くなったりして、半ばパニックのようになりませんか？

さて、なぜ私がここでこのようなゲーム（落ちゲー）の話をしたかというと、まさにあの状態こそが今まで我々がいた世界観を端的に表しているような気がしてならないからです。

落ちてくるブロックをただひたすらに積み上げたり、連鎖消ししたりを延々と繰り返し、どこかで一発逆転やハイスコアが狙える一気消しをする！

プレイ経験がある方には共感していただけるように思いますが、「落ちゲー全般」をプレイ中は脳内物質が大量に分泌され、**高い興奮状態にあり、超集中状態がずっと持続**します。いわば、「交感神経がオンになり、ハイスコア狙いで心身がハイパー化している状態」

といえるものですが、長らく人類はこの状態がデフォルトとなるようにセットされていたのではないかと思っています。

ハイスコアやランキング上位を狙うという「ドーパミン発生装置」を巧みに配置して、終わりなき沼へとユーザーを誘うゲームは一例にすぎず、この世界には報酬系が刺激されるドーパミンが出ることばかり。

もはやこの波からはどこに行っても逃れられないのではないかというぐらいにこの世には脳が刺激されること、脳がハッキングされるようなことばかりが跋扈《ばっこ》する世界となっていました。そう、2020年、新型コロナウイルスが来るまでは。


新型ウイルスの感染拡大。

それにより、ステイホームや3密を避けることが日常でも徹底されました。この変化により、今までの世界観が遥か昔のものだと勘違いしそうなほど、ニュース等以外で外部情報・外部の人に触れることのない生活へと私たちの日常はスイッチしたのです。こういった変化は、私たちに家族と対話したり過ごしたりする時間をもたらし、生活に余白ができたり、今後のことを考える理由が生まれました。

また、同じく河川や海も清浄になってきて、もともと生息していたところに魚たちが戻ってきたり、排気ガスや工場等による大気の汚染が減ったために、インドではヒマラヤが見えるといったことまで起きたのはまだ記憶に新しいでしょう。

各々が今までの生活を振り返り、これからの人生において変えるべきものややりたいこと、向かっていくべき方向性といったものがよりクリアに見えてきたように思います。

決められた枠の中で〝ドーパミン漬け〟で生きるのではなく、**冷静にフラットに、自分で自分のオリジナルな人生をつくり上げていく**。

それがこの2020年上半期に我々の内側で起きた、最も重要な変化のような気がします。

修羅モードから仏モードへ

実際にこの世界を流れる音楽も変わりました。

今までは曲調の激しい、我々を戦いへと誘うものだったのが、急にバロック音楽に切り替わったことにより、普段は感じなかったものを感じたり、激しい音にかき消されていた何かが聞こえ始めたり……。

今まで生きてきた〝枠の中でハイスコアを競う〟修羅界みたいなところから今回の一件

で少し離れ、冷静になってみて、電子音にやられないように無音で過ごしてみる。そうすると、どうでしょう。今までのあの「ハイテンションなアドレナリンマックスな世界」とは一体何だったのだろうと思えてくるではありませんか。

「ブロックを消していかないとヤバイィー！」というのはもう昔のこと。

「一昔前の自分がハマっていたことだけど、もう卒業したこと」ぐらいに感じられるから不思議です。

あれは幻想か？　それとも夢か？

はたまた……。

いずれにしても、この世にはどうやら落ちゲー以外にもたくさんの素敵なことがあるらしいと知ってしまったし、余白があることの心地よさを体感してしまったので、もう前みたいな電子音バリバリの世界には戻れません。

あの〝枠の中〟の世界観、常に神経がすり潰されるみたいな感覚は報酬系が刺激されるので「快感」ではあるけれど、あの行為自体は決して**自愛にもそして慈愛にもつながらない**のだろうとはっきりと感じられます。

私自身もゲームでもそれ以外でもですが、近いものを経験したからよくわかります。

もうあれには戻らないし、戻れません。

あのペースで生活・仕事をすることに正当性を見出せないのです。

落ちゲーは短時間はできても、命をかけてずっとハマるものではありません。

もちろんこれはたとえです。パズルゲームにもブロック系のゲームにも何の罪もありません（なんなら「ぷよぷよ」も「テトリス」も未だに大好物です。笑）。

ただ、あの積み上がって、スコアを上げて、半狂乱になってというところになんらかの不思議な類似性を感じたのでたとえに出しましたが、人は「〝〇〇〟しか見えない」となった時、本来の自分とは全く別の自分になったりするのだなと改めて思います。


先ほど修羅界と言いましたが、その世界の住人、狂戦士モードになると人は鬼になっていきます。いろいろな意味で「追い詰める・追い込む」と人は変な力が出たりしますが、できればその力を出さず、鬼にならずに済むように、**「過去の生き方」を繰り返さない**ように、これからは、平常運行の「仏モード」で穏やかな日々を過ごしていきたいと思っています。

「大きな時代の変わり目」が、なぜ星でわかるのか

「歴史は繰り返す」などとよく耳にしますが、では、なぜ歴史は〝繰り返す〟のでしょうか？

どういう仕組みで歴史はリピートされるのでしょうか？

ファッションでは特にその流れが顕著で、過去に流行ったものがリバイバルしたりするものですが、では、それはなぜ起きるのでしょうか？

「歴史が繰り返すという謎」は星の運行を知ることにより解き明かすことができます。

星の運行が示す暦のサイクル。

春から冬と来て、冬が終わればまた春がやってくる春夏秋冬のように、宇宙にもその〝サイクル〟的なものがあります。ただ、その循環は確実に存在していますが、目に見えないものです。また、四季ほどスパンが短くないので人間の感覚では捉えづらく、なんともわかりにくいものになってしまっているのです。

東洋の五行でもそうですし、西洋の四元素論でもいいのですが、この世には4～5つの

大元ともいえるものがあります。

木・火・土・金・水といわれるのが東洋五行で、火・土・風・水といわれるのが西洋の四元素なのですが、どちらの理論にしても、**一つの時代を一つの要素が担当**し、ある一定のサイクルが終われば、また次の時代をつくる次要素に時代のバトンが渡されていく。そうして、時代の歯車が回っていくのです。

つまり、四元素も五行も、〝どのようにこの世が循環しているか〟を宇宙の理《ことわり》に準じて導き出した、地球の暦であるといえるでしょう。

難しく考えると頭がこんがらがるかもしれませんが、**春夏秋冬のように、定期的（季節の場合は3ヵ月ごと）に移り変わっていく**というふうに捉えるとわかりやすいかもしれません。

このサイクルというのは人・地球・動植物問わず、万物が持つものです。

例えば、私たち人間は（占星術上は）12年というサイクルを持つ存在です。12年が１ユニットとして、それが10ユニット続くので12×10で１２０年というのが人間の本来の寿命感となります。そのため、その折り返し点を〝還暦〟というのです。

そして、この世界、いや、時代といえばいいかもしれませんが、この**時代というもののサイクルは占星術的には２００〜２４０年**とされています。新しい時代が生まれて、その時代の強者が覇権を握り、そしてどこかでその力も減衰していき、次の新しい時代の幕開けを暗示する出来事が起き、新たな時代へとバトンが渡される。そしてその一時代は200年ほど続き、また同様にして新しい時代へと主権が渡されていく。

人だけではなく、時代もこうして輪廻《りんね》を繰り返しているのです。

宇宙のリズムに乗って進む

諸行無常などといいますが、まさに、**どんな「最強帝国」も「無敵艦隊」も「経済大国」も、永劫に続いたためしは人類史上一度もありません**。

それはきっとこの四、五元素のサイクルの持つ〝強制力〟や〝自浄作用〟があまりにも強いものであり、言い方を変えると「きちんと次の時代への移行を促す力が働いている」からだと思われます。

人間は叡智《えいち》を使い、この世を発展させ、私たちの生活を向上させたりもしますが、どれだけあがいても、やはり「世を司る理や原理・原則のようなもの」には勝つことはできません。私たち人類も地球や宇宙と共生する存在である以上、地球の呼吸、**宇宙の意思**を表した暦・律というものは完全に無視することはできないのではないでしょうか。

そして、そういう宇宙のリズムが関与しているといった意識を我々消費者側が持つ持たないは関係なく、トレンドはリバイバルし、過去のものがまた再燃したりして、〝時代は繰り返す〟という現象が起きているのです。

そして、その〝時代を司る主要元素が替わる〟ことを占星術の世界では、ミューテーションといい、200～240年ごとに一回起こります。例えば、火から土、土から風へと替わっていきますが、火→土→風→水というサイクルが一周する、つまりサイクルの始まりである水から火に戻るときが〝グレートミューテーション〟といわれていて、〝すごろく〟でいうところの、〝振り出しに戻る〟のようなものというとイメージがしやすいかもしれません。

そして、そのミューテーションからミューテーションの間の200年前後のさなかに、木星・土星が重なる天体配置＝グレートコンジャンクション（＊2）というものが10～11回起きます。

簡単にいうとグレートコンジャンクションとは〝飛躍・アップデート〟的な作用を持つ星回りなので、グレートコンジャンクションが起こるごとに特定のエレメントの要素が拡大・拡張されていくこととなります。火の時代であれば階級社会といったものがグレートコンジャンクションごと（約20年ごと）に強くなるかもしれませんし、土の時代であれば、利便性や豊かさのレベルが、風であれば精神性やマインドフルネス的なことがよりクローズアップされ、水の時代であれば新しい医療のシステムや芸術における新しいスタイルが花開くなどするかもしれません。

こうして、それぞれのエレメントが担当するエリアにおいて何らかのステージアップ・うねりが約20年ごとに展開され、人の世は進化していくのです。

そして、一つの要素が終わりを迎えるとき。

それはその主要元素のパワーがオーバーヒートして、今ふうにいうと〝ブラック化〟したときに、次の時代をつくるニューヒーローが現れて、次時代へとシフトしていくという仕組みを持っているように思います（例：水の時代は領土を拡張しすぎたこと、火の時代はヒエラルキーや血脈を重視しすぎたことや暴君化したこと、土の時代は〝囲い込み〟による財や権力の過剰な一点集中が招いた腐敗や汚職が、それぞれ次の時代へと主軸が移行する反動力となった）。

紀元前だろうとも、紀元後だろうとも、地球はほぼ等しいビート感で呼吸をしています。私たち人類も地球の上で生活をしている存在なので、当然ですが、知らず知らずその地球の呼吸とシンクロし、時代の主権者や繁栄する箇所を替えながら、世を歩んでいます。

時代の節目は〝宇宙タイマー〟とほぼ等しく、我々はいついかなる時代においても〝宇宙と連動していた〟存在であり、きっとこれからもそのシンクロ率は増えることはあっても減ることはないように思います。宇宙律ともいえる惑星のビートやリズム。それらを太古の昔から私たちの先祖も同じように感じたりトレースしたりしていたのです。そして、それを〝読み解ける人・感じとれる人〟が機を読む人として戦に勝利したり、土地や相場で大儲けしたり、はたまた政治の場で大きな力を持ってきたのかもしれません。

（＊2）グレートコンジャンクション
幸運の星と呼ばれる木星と、規律・責任・試練の星と言われる土星が約20年に一度会合することをいい、この天体配置が起こるたびに革新的なサービスや商品が生まれたり、また、新しいシステムやルールへと世界の空気・潮流がシフトしていくとされている。

時代のセンターが変わるとき

時代が移り変わるときというのは、その時代の核となる人たちが代わり、空気も変わり、また中心となる場所も変わりゆくものです。

例えば、私たちが今まで生きてきた土の時代（1802年〜2020年）には、その前の時代である幕藩体制や王政等の封建主義が終わりを迎えました。以降、資産家を中心とした新時代の旗手たちが世の中を牽引するようになり、今に至っています。

土の時代はそういう意味では**〝力〟の在りどころが大きくシフト**した時代だともいえます。ちなみに土の時代の前には火の時代があり、その時代には「王様」や「血筋・生まれ」が力を持っていました。実際にカリスマティックな王様のいる国・領地では経済や文化等が伸び、栄華を誇っていたことからも、一点集中主義で〝エース〟ともいえる人物がその集団の命運を握る時代であったと言えるでしょう（例：太陽王ルイ等）。

1600年頃に誕生した江戸幕府。あれも火の時代の産物で、〝徳川幕府〟といわれて、世襲制で、ある一族だけが世をまとめているものでした（もちろん参謀や右腕等補佐役はいたでしょうが）。

そして、**「土の時代」には、火の時代のそんなヒエラルキーに嫌気がさした人たちが新しい土地を求め外に目を向け始めました**。例えば、1776年、火の時代の末期といえる頃ですが、アメリカが英国より独立。一つの国として認められたアメリカに欧州から多くの人々が移住しました（そこには新しい豊かさ、階級等に左右されない世界があったから）。そして新大陸は勃興し、当時の新興国アメリカは大いに栄え、今や世界最大の経済大国となりました。また20世紀初頭には、日本から10万人近い人たちがブラジルに移住しました。更に、土の時代の終盤には東南アジア諸国、特にシンガポールが著しく発展し、アジアの経済のセンターと言われるようになったのです。

時代のセンターはこうして時代の要素（火、土、風、水）が替わればどんどん移り変わっていくものです。さて、次の時代にはどの国やエリアが栄え、時代の中心となるのか。

当然それは誰も知りえない未来の話なのですが、ただ、遅くともここ20年のうちには新時代の〝中核地〟はその姿を見せ始めるのではないかと感じています。そして、これからの時代を生きる風の民はどういった場所を好むのか。また、その土地はどのようにして選ばれていくのか。歴史が動くその方向をこれからも引き続きウォッチングしていきたいと思っています。

私たちが生きてきた「土の時代」なるもの

――これまでの220年――

ここまでは風の時代への移行や、その移行そのもののサイン等について述べてきました。大きな時代のサイクルがあり、それは200～240年ごとに次のものへと移り変わっていくのだと。そして旧時代が新時代に取って代わられる際には革命が起きたり、なんらかのルールチェンジャーが現れるということは、もう皆さん理解していただけたことと思います。

では、土の時代からこれからの風の時代へのシフターといえる存在がCOVID－19だとしたら、今私たちがまだ片足を残しているほう、つまり土の時代となったときには一体何が起き、どうやってルールが変わっていったのでしょうか。

その辺りをこの項では深く掘り下げてみたいと思います。

まず、土の時代の一つ前の火の時代には、世界の多くの地域で**君主制・王政**がしかれていました。

世襲制・嫡男が家督を継ぐ・徳川幕府のように御三家から後継者を出すシステム等々、

国によってその様式は異なりますが、基本的には家柄と血筋がものをいう時代でした。王様を筆頭に、王族・貴族階級、騎士階級と続き、その下には一般人が続く国家が出来上がっていました（古代ローマではこの下に奴隷が続く）。

ほとんどの場合その階級は絶対で、生まれた瞬間に社会的な属性が決まっていました。

そしてその**絶対王政・階級固定主義に対して反旗を翻した**のが1789年に起きた**フランス革命**であり、1776年の**アメリカ独立宣言**ではないでしょうか。

これらは〝既得権保持者〟に対して革命を起こし、その主権を民の側に移行することに成功したものであり、統治を跳ね返し、独立した存在として認めさせた、歴史的にも非常にエポックメイキングな出来事でした。

そしてそれができた要因は2国ともに旧体制側が財政難に陥っていて体力がなかったこと、そしてフランスの場合は君主の圧政に苦しんでいた市民を〝都市の裕福な資本家＝ブルジョアジー〟がうまく取り込んで、一気に資本主義革命なるものを成功させたことにあります。

こうして世界は洋の東西を問わず、政治の主権が〝持てるものたち〟へと移っていくこととなりました。

また、この頃と前後して、イギリスでは製鉄業・繊維加工・蒸気機関の開発等が進んだ、いわゆる産業革命が起きたことで、物品の大量生産が可能となりました。

こうして手工業から工場制機械工業へと生産のステージが移ったことで各国のＧＤＰも増加し、また資本主義革命（フランス革命等）が起きたことで世界では民が力を持ち、豊かになっていきました。この１７５０〜１８００年代前半の間、つまりちょうど**火の時代から土の時代へという時代の切り替わり**のタイミングで、人類は王や貴族階級による支配から解放されただけでなく、物質的な豊かさも同時に手にできる生活へと大きくシフトすることとなったのです。

土の時代に力を持った者たち

さて、土の時代への移行は前述のとおりですが、その土の時代は〝具体的には〟私たちに一体どのような変化をもたらしたのでしょうか。

土の時代には今までの時代のように〝血筋〟とか〝階級〟がものをいう時代ではなくなり、武力は法によって裁かれるのでむやみやたらにふるうこともできません。となれば、当然ですが、〝**力**〟**を持つのは財**であり、また**財を生む才能や知略**というものが世を動かす力であると言えると思います。

財と聞いて思い浮かぶのは当然ですが銀行、そして、土地・株等の有価証券とすぐに連想されるのは、私が土の時代の生まれだからでしょうか。

土の時代は産業革命の頃に前の火の時代からバトンを受け取ったので、工場制機械工業が大いに発達し、大量生産・機械化、そして後年では自動化が進み、生産性が高まりを見せた時代でもありました。

そのため、農作物のとれる肥沃な大地、いい立地にある土地家屋、そして工場を所有しているなどということは資産家の証明にほかならず、そのような〝財〟を持つ者とうまく連携し、お互いの財が財を生むスパイラルを構築していったのが前述の銀行家の人たちでしょう。

王政時代のアンシャンレジームに対し、この時代では富の再生産が行われていくこととなったのです。

そうして、世界の潮流は移り変わり、火の時代にはつきものだった〝血縁や血筋の問題〟から解放された国や地域から新時代の追い風を受けることとなりました。

血筋＞能力だったものが、血筋＜能力に。効率や努力・頑張りといったものが評価される時代へと、時代を流れる空気そのものが変わっていったのです。

そしてそれを最も体現しているのが世界3位の面積を持つ国、アメリカです。

欧州のヒエラルキー社会から脱した人たちは新天地を求め**アメリカへと移住**しました。なぜならそこは新世界をつくる革命家・革命の使徒たちを多く受け入れるマインドを持つ国であり、アメリカンドリームなどといわれるように、**階級等一切関係なく〝一発当たり〟**が期待できる、一世一代の大勝負がかけられるところだったからです。

土の時代が育んだもの

そうして時代は進み、私たちは「お金・学力・肩書・資格」等、積み上げがものをいう時代を生きています。

例えば、優れたアイデアがあっても20年前、まだインターネットがここまで普及する前は、ツイッターでつぶやく！　ということはできず、どこかの誰かに見せ、承認を受けたりする必要がありました。そしてそのためにはアポイントが必要で、そのアポイントを取るためにはそれなりのポジションが必要で……とそれなりの時間と労力をかけないと〝アイデアを届けること〟すらも難しい時代だったのです。そしてそういった世の中が進むと、ひどい場合には**権力が集中し、適正な新陳代謝が起きずに〝腐敗〟**する可能性すらはらみ、危険でもあります。ただ、その代わりといってはなんですが、企業で働くことが一定の〝身分・終身雇用〟を生み、また社会保障もできてきたことによって、**生活基盤が歴史上初めてと言っていいほどに安定**。

これにより、明日の食事のことを考えるのではなく、もうすこし未来のプランを考えたり、アクションを起こすことに繫がっていきました。そうした安定感は子供の進学やローンを組んで住宅を買う等を市民レベルでも可能にし、子供の教育や資産形成においても強力な追い風をもたらしました。特にこの土の時代の終盤、２００９年には四年制大学進学率が50％を超え、多くの人たちが**〝学力・学歴という未来への投資〟**を行う時代へと繫がりました。

これはそっくりそのまま次時代である風の時代へとシームレスに移行していく特質です。なぜなら、次の風の時代は〝知性・知恵〟の時代といわれるもの。

土の時代の後半、しっかりと〝土〟はその内に次時代を生きる種たちを育んでいたのです。

私が「土」にどっぷり浸かっていた頃

時代が土から風になっていく……ということで、自分の人生で一番「土の要素が強かった時」を振り返ってみました。

私が土の時代の影響を一番受けていて、土フィーバーしている時期……。

それはきっと2011〜2017年の7年間でしょうか。

あの頃は朝6時半から深夜1時くらいまでアポイントやら何やらを詰め込めるだけ詰め込んで、結果、カレンダーアプリは空き枠なしで真っ赤っか。休日といえる休日は誕生日と大晦日ぐらいのもので、元日も毎年恒例の十社巡りをしたり、なにかと忙しくしていたので、〝休む〟というモードは基本的になかったように思います。記憶にある限り、〝家でゆったり〟なんていうことは一切なく、5分刻みで動くどこかのアイドルか起業家みたいなスケジュールで、アドレナリンやドーパミンがドバドバ出ているのがデフォルト。**いつもハイテンションでおかしい感じ**だったのを覚えています。

アポイントのあとに5分の休憩を挟み、またやってくるアポイント。風呂には風呂場用のノートパソコンがあり、お風呂場でメールチェックと原稿書きといった、朝起きてから寝る直前までデジタルデバイスや仕事から離れることはない、まさに**絵に描いたような仕事漬けの生活**。月500時間ワーク（17時間×30日）みたいなことを6、7年は続けていたように思います。

ある日突然体が麻痺して、体を壊してしまったことで修羅道みたいな生活は強制終了となったのですが、もし、あのまま続けていたら間違いなくこの風の時代の到来前に、私自身が空に舞う風になっていただろうなと思います。

あのときの私はある意味では狂っていたのかもしれません。

土の時代のルールにどっぷり浸かり（いや、それがその時代を生きる上では正攻法なのだから仕方がないのですが）、後述するように、本来の私のボディは風の要素が強いものなのに、「できるから」といってTO DOやタスクを詰め込み詰め込み……、まるで過積載のトラックみたいになって土の時代のレールの上を走っていたのです。

お役に立てることは気持ちよく、また、楽しかったけれど、積み上げられたアポイントと追ってくる締め切りとひっきりなしに届くメールやらDMに侵された、なんとも人間的なバランスを著しく欠いた人生だったように思います。そしてそんなライフスタイルはまちがいなくこれからの**風の時代にはＮＯＴ推奨**のものでしょう。

時代の変遷が行われる様を分析し、シミュレーションしていくと、なんだか**土が積み上げたものを風が飛ばしていく**ような、そういう解釈ができなくもないですが、これからの時代に最適化していくためには、今までとは真逆の方向へと進路を変えることも厭わない強い意志を持つこと、そして柔軟であるが自分の芯を持っていることがとても重要となるような気がしています。

時代の変化に即して生き方を変えていく

こういった時代の変化を前にして、２０１７年の晩秋、ちょうど山羊座に土星が移った頃（土星山羊座入り２０１７年12月）、おそらくは周囲の人たちよりはワンステップ早く新時代へのアップデートが行われたためなのか、**私の体には異変が起きて、その瞬間に今までの生活には終わりを告げる**こととなりました。

今までの個人鑑定の嵐の激務にも耐えられた〝土の時代そのもの〟といってもいい頑丈なメンタルと体は一気に崩れ、しばらくはすべての活動を休止することに。

そして、体調もだいぶ戻り、繭から出てきてからは、旅に出てみたり、ブログやツイッターをやり始めてみたりと、動き方もだいぶ、〝情報の時代〟といわれる風の時代らしくなってきたように思います。そしてアポイント等を積み重ねることが風の時代らしくないこと、そしてストレス負荷がかかることもあり、かなり先までのアポを取ることをやめてしまいました。

そして、2020年に入ってからは新型コロナウイルスの影響もあり、連載原稿、企画原稿、note、ブログ等、書きものに向き合う時間が相対的に増えましたが、それも風の時代仕様になるための通過儀礼なのだと捉えれば、我ながらいい感じに宇宙の風とシンクロしてアップデートしているようにも思います。

かつて、土の時代には「月に500時間働いていた人＝私」が積まない時代、風の時代になれば、段階的にか、一気になるかはわかりませんが、労働時間が月50時間ぐらいになっていくのかな、と思ったりもしています。

いや、もしかすると「労働」という概念自体も風の時代には消えていくものだとすると、**〝働く〟と感じている時間は実質0になっていく**のかもしれません。

それに乗じて働くということで話を膨らませると、今後はGDPという概念や、なんなら「ビジネス」という言葉自体がなんだか過去の時代のもの、いわゆる〝オワコン〟のようになる可能性も出てきます。

それらの言葉の代替用語がなんになるのか。今ある言葉の中に新時代の働き方と互換可能なものがあるどうかはわかりません。ただ、今、私だけでなく、多くの人たちに起きているように、いわゆる資本主義的な労働という概念自体が薄まり、これからはますます風化していくような気がしています。

Less is moreな時代へ

労働時間の長短が収入に繋がる時代が終わった先にある働き方、人の在り方とはいったいどういうものなのでしょうか。例えば欧州のある国のように、ベーシックインカム的なものが導入されて、皆が高等遊民化していくのか、それともまた別の富の再分配方法が生まれるのか、はたまた都会から人が地方に、田舎に移住し、極限までエッセンシャルな自給自足の生活をするようになるのか。

一体何が正解なのか、そしてどちらに向かっていくのかはまだよく見えていないのですが、ただ、**〝過剰に働くこと〟というのはこの社会から消えていく概念**であるということは間違いないように思います。

それは近年ニュース等で取り沙汰されているブラック企業問題にも見てとれように、これからの時代においては何事も詰め込みすぎはNOTウェルカムなものになっていくのは**必然**のように思えます。

これからはエネルギーをマックスに高めるのはきっとシャトルが衛星軌道上に上がるまで、その一瞬だけのことで済むように思います。

大空を舞う鳥たちも一旦空に舞い上がれば、翼をばたつかせなくても落ちてこないように、**気流に乗ってしまえばいい**のです。我々もそういった大いなる風によって、行くべきところへと自然に導かれ、また風が種を運んでくれたりもして、〝人為的な足し算・掛け算〟をあまり行わずに自然のリズムと歩を揃えて進んでいくようになっていくのでしょう。

これからは皆が情報・見えないもの・音・声・波動等に敏感になっていく時代。見えない世界にアンテナを張り、lessされた世界の中に際限なき豊かさを感じていく……。

建築界の巨匠、ルートヴィヒ・ミース・ファン・デル・ローエの言葉を拝借すると、**これからのキーワードは〝Less is more〟**だといえるような気がします。

オワコン化していく「土の時代」の言葉

もし言葉に時代感を乗せられる機能があるとするならば、比較的近代の言葉なのに、その言葉の放つ**空気に違和感を感じる言葉**がこのところいくつか出てきました。

そして、この現象はしばらく続くのだろうと思うけれど、考えれば考えるほどにそれらの言葉がまるで時代劇の中の言葉のように古びて感じられてくるから、それがまたなんとも不思議でたまりません。

今、私たちが自分のことを言う時に「俺、私、僕」とか言うことはあっても、「あっしは〜」とかと言う人はこの現代ではあまりいないのではないかと思いますが、それにほぼ近いものを感じます。

そういうちょっと古い時代感を感じ始めた言葉はいくつかあるのですが、その中で**最も顕著なものは「ビジネス」**というものでしょうか。

ビジネス。

この言葉を聞いて人がどう思うか、どう捉えるか、何を想像するか。

それは本当に人それぞれなので、ビジネス＝こうだ！ といったふうに簡単に定義付けしてしまうことはできませんが、ただ、個人的には〝心よりも仕組みとかシステムとか経済合理性とかやり方〟みたいなものを優先するような、あえて言うならばちょっと冷たい感じをこの言葉からは感じてしまうのです。

「〇〇をビジネス化する。〇〇ビジネスをする」といったように使われることがあるからなのか、それともそのやり方自体が〝土の時代〟を想起させるからなのか。その語源とか定義自体より、その言葉の周りにふわふわとまとわりつく空気感みたいなものになにやら違和感を感じてしまうのです。

GDPや経済成長についても同じようなものを感じますが、このところ時代の変化に伴って、急に**オワコン化**していく、古き時代のもののように感じる言葉が周りに増えてきて、しかもそのスピードがとてつもなく速く、1年ほど前には普通に使っていた言葉にすらもう違和感を覚えたりもしてしまうほどです。

よくいわれることですが、言葉は生き物です。

同じ言葉でも時代が変われば、意味や使用されるシチュエーションも変わります。

これからはきっと、今までは〝普通〟に使われていた言葉もあまり聞かなくなったり、使われなくなったりするのかもしれません。ただ、それはある意味では時代の変化を感じるための誰でもできる定点観測法だとは言えないでしょうか。

ふと、〝あ、そういえば、あれ最近聞かないなぁ〟などと、使われなくなった言葉を思い出し、風化していく分野を懐かしんだりして、この世の移り変わりを楽しむのも一興かもしれません。

「歴史上の風の時代」から予想する「これからの風の時代」

ここまでは時代の移り変わりがどのようなサイクルで起こるのかを述べてきましたが、ここでは逆に過去における風の時代のみにフォーカスし検証していきたいと思います。

火ー土ー風ー水の4つのエレメントが一周するのにかかる年数は800〜900年。ということは、今から800〜900年ごとにこの世界に起きた変化を追っていくと、過去の風の時代に起きたことをなぞっていけるということ。こうして過去を振り返り当時の出来事や人物にピンポイントにフォーカスしていくと、「歴史は繰り返す」ともいうように、これからの風の時代において何が起きる可能性があるのかを、より立体的にイメージできるようになるのではないでしょうか。

【前々々回の風の時代】紀元前460年〜紀元前220年頃

歴史は遡れば遡るほどに得られるデータが少なくなっていくもの。

実際にこの紀元前5～紀元前3世紀頃の風の時代に具体的に何があったのか、そこまで詳細なエビデンスは得られないのが難点なのですが、とはいえこの時代は実は多くのヒーローたちや思想家・宗教家が活躍し、また大きな出来事が数多く起きた時期でした。

この頃の風の時代は、今でいう中国、そしてギリシャが栄えた時代です。

古代ギリシャや中国は偉大な思想家を幾人も生み出し、彼らは没後2000年以上の時がたった今でも語られる、「永久不変」なる精神・哲学をこの世に残したと言えるでしょう。

また、思想家以外にも、歴史上最も成功した軍事指揮官といわれているギリシャはマケドニアの王、**アレクサンドロス大王**が活躍したのもこの時代（アレクサンドロス大王は紀元前356年7月20日、蟹座の生まれで水瓶座ドラゴンヘッド〈＊3〉）です。もう少し後になると、漫画『キングダム』で描かれている秦王嬴政《えいせい》が中国を統一し、**秦の始皇帝**（紀元前259年の生まれ）となったのもこの時代に起きたことです。

ギリシャの勢力圏を広げたり（ギリシャ、メソポタミア、エジプト、インドの一部）、中国を統一したりと、共に**〝ボーダー〟を越えていった英雄たち**で、その移動多き人生はまさに〝風の時代の申し子〟的なものといえるのではないでしょうか。

【前々回の風の時代】390年頃〜630年頃

この時代は紛争、移動、国と国との統合が多く行われた時代で、特に中央・西ヨーロッパを中心として多くの民族が滅《めっ》したり、国が興《おこ》ったりする時代でした。

中でも教科書でも習う**ゲルマン民族の大移動**などは300年代〜600年頃にいたるまで200年以上にわたる非常に大規模なもの。そしてその原因は人口の爆発、疫病の蔓延、高齢人口の増加、気候変動とされていることもあり、いまの我々の直面している問題とどこかシンクロするものがあるといえなくはないでしょうか。

我が国では**仏教**が伝来したり、欧州では時の権力者の勢力が拡大していくのと比例し、**キリスト教**が拡散。また西アジアのメッカではムハンマドが生まれ、のちに天啓を受けて**イスラム教**を開いた、前回の風の時代に続き、**宗教色の強い時代**だともいえそうです。

【前回の風の時代】1180年頃〜1350年頃

日本でいうところの鎌倉幕府の成立前〜室町中期ぐらいまでが一つ前の風の時代で、大河ドラマ等でもよくテーマとなる時代でもあるので、おそらく最も私たちに馴染みが深いのがこの直近の風の時代ではないでしょうか。

世界を見ると**モンゴル帝国**の勃興や**オスマントルコ**の建国といった、大帝国が生まれていくのがこの時代です。**領土の拡大**が目立ち、前の風の時代と同様に〝**騎馬民族**〟やモビリティに優れるものたちが世界を席巻した時だといえるでしょう。また、文化的・宗教的・思想的な領域において、多くの著名の士を生んだ時代でもあり、現存する多くの**宗教の創始者**たち、またすぐれた**文学や芸術の祖**たちが世に誕生したときでもありました。

（＊3）ドラゴンヘッド
月の軌道である白道と太陽の軌道である黄道。それらが交わるポイント2ヶ所をルナーノード（月の結び目）という。その北側のものをノースノードまたはドラゴンヘッド、南側のものをサウスノードまたはドラゴンテイルと呼ぶ。占星術においてはこれらのポイントは魂の成長や進むべき道を表すといわれ、非常に重要なポイントである（ただ、その解釈においては複数の説や論があるので鑑定士・書籍によっては異なる意見が見られることもある）。そのうちドラゴンヘッドは〝未来〟を表すとされ、ヘッドの方向に進むと開運していくともいわれている。

Chapter

2 ✦ 今後200年間続く「風の時代」とは

2020年12月22日、地球は、
私たちが生まれる前から続いていた
「土の時代」から、「風の時代」へと突入。
この大きな時代の交替が行われるのは、
220年ぶりのことです。
ここから、世界を流れる空気や色は
どんどん変化していくこととなります。
まずは、新しく始まる時代の性質や方向性、
知っておくべきキーワードを、
しっかりと把握していきましょう。

風の時代の最初の20年 ――水瓶座の時代――

風の時代の最初の20年。

それは〝**革命と博愛の戦士・水瓶座**〟が世を仕切っていくことになる、革新性に満ちた世界です。水瓶座は博愛、革命、改革を表す〝平和と友愛〟の使者であり、未来志向のエネルギーを持つとされている星座。これをベースに、風の時代の色や流れ、展開を読むならば、〝未来に残しても恥じないようなもの〟とか、〝未来志向のもの〟、〝未来にゴミを残さないもの〟とか〝LOW-WASTE〟が世間の関心ごととなり、消費社会の中心を占めるようになっていく可能性があります。

逆にそうじゃないものは世間からは求められないような、**エコ・グリーン・アースフレンドリーな時代へ**と世界は急に舵を切り、変化を進めていくのかもしれません。

例えば、その証拠に水瓶座の時代のメインキャストとなる今の若い人たち（20歳前後）を見ているとよくわかりますが、彼らはあまり物を欲しないように思うのです。

なぜなら「生まれたときからすでに〝風の時代仕様〟で、最初から〝大量消費社会仕様〟

になっていないから」というのがその主たる理由。または彼らのマインドを刺激するようなクールなものが世にまだ存在していないからというのも理由として考えられます。

例えるなら、最初からガソリンの給油口がない電気自動車に給油しようとしてもどだい無理なように、〝大量消費すること・ステータス性があるものを持つこと・昇進・出世すること〟が、かつて高度経済成長期やバブル時代に人々が感じたほどには、風の時代の人種ともいえる若人たちには〝クールなもの〟として映っていないように思うのです。

そして、今後そんな世代の人たちやそのマインドが時代のキードライブになっていくと、あきらかに**脱大量消費社会**のほうへと世界を流れる空気や色が変化していくこととなります。

風の時代のスタートは2020年12月22日ですが、2043年までの約20数年の間に一気に時代の主流・主産業が変わっていくこととなる気がしています。

WE意識で発展していく社会へ

「自らの利権」を望むよりも「WE」で発展していく社会へ。

〝製造者・販売者側〟が、〝買い手側〟にどのようにものを届けようか、売っていこうかと戦略を練る。売るために知恵を絞り、センスを使い、商品の魅力をアップさせる。

それは今までの世界観ではとても大事なことでした。

マーケティング・ブランディング・各種のデザイン。そういったものは〝売るため・認知されるため〟に必須のスキルであり、その能力の高い者は当然ですが、マーケットで高い人材価値を持っていました。

ただ、これからの世界を見ていると、**センスは〝売るため〟に使うというよりは、〝楽しく生きていくために使っていくもの〟**として変わっていきそうな気がしています。

私からあなたへ「売る」。そのため（売り上げを上げるため）にセンスを使うのではなく、私たちが楽しく豊かに過ごすために〝センスを使っていく〟ようになっていくのかなと、それこそがＷＥで生きていくことなのだろうと思っています。

そこに愛はあるか

かつてデザイン界の巨匠、エットーレ・ソットサスが「デザインとは恋人に花を贈るようなもの」と言ったように、本来は人はそういった〝エモーショナルな動機〟を持ち、生活を営む存在だと思います。売り上げを考える、豊かさを得る、それは飢餓への恐れ等、生物の生存本能から来るものなのでもちろん致し方ないものですが、それでも１００％売り上げを作るためのロジックやテクニックばかりでガチガチに固められた商品や企画に楽しさ・愛・希望・思い等は〝乗る〟ものでしょうか。

人は意外とその**商品・言葉・空間から〝気をもらう〟**ものです。

敏感な方ならわかると思いますが、どこかのお店に入った時に「あ、ここはすぐ出たいかも」と思ったり、また逆に「ここはすごく気持ちがいいからもっといたい」と感じたり。はたまた同じ商品・ものでもAさんが作ったものはすごくパワーがあるけれど、Bさんのものは失礼だけれども何も感じないなどなど、そういった〝気の交換〟的なことは日常生活の中で実際に起きています。まだ多くの方はそういったところを〝意識的〟に観測する・感じていくということはないように思いますが、これからの時代は違います。

今、世界では量子測定器や波動測定器が出てきていて、それらを使った診療が受けられるクリニックや個人サロンも増えてきました。特にここ10年は圧倒的にその認知度を上げ、医療従事者でも〝見えない世界〟のテクニックやセオリーを取り入れる人たちも現れ始め、この世界には〝見えるもの〟だけでなく、実は**波動・量子等見えないもの**もたくさんあり、それらが複雑に入り組み、この世界はできているのだという認識が広がっています。

そしてその世界観が広がっていくと、これまで〝人を治すもの〟が祈禱師の祈禱から抗生剤に取って代わられたり、〝支払い方法〟が現金からクレジットカードや電子マネー、はたまたトークン等にシフトされていくように、私たちが世界を見つめる認識が大きく変わっていくように思います。

例えば喫茶店はコーヒー〝も〟飲めるけど、そのいい雰囲気を味わう場所であるとか、あのホテルは気がいいから〝いい気をチャージするため〟に泊まる、とか、はたまたパワーのある人が売り場に立っているときはすごく売れるがそうじゃない人のときはあまりものが売れず、それを理解したお店側はその人を〝カリスマ販売員〟として、いろいろなところに座敷わらし的に派遣していく等々。

そう考えるとこれからはもっと**見えないものが大事となり、その価値が一層高まる時代**になっていくようにも思えます。見えないものは〝わかりづらいもの〟であり、だからこそ皆が敬遠しがちな分野でもあります。

ただ、その参入のハードルがテクノロジー等々によって〝解放されたとき〟、一気に人類はそちらのフィールドに目を向け始め、多くの画期的な〝いかがわしい〟（苦笑）ビジネス・サービス・アイテムが増えていくのではないでしょうか。

We are all family

そうして、目に見えない世界観がどんどん深まり広がっていくと、**oneness**の意識も拡散することとなります。それは本質的には皆がクラウドのような意識で繋がっていて、私は私という役割を演じているただの一個体であり、あなたもまたあなたという役割を演じているだけだということ、そして、I am youであり、またyou are meであることが世界中で認知されていくということです。本質的には私たちは同じ大元から生まれてきた存在であることから、We are all familyともいえるものなのですが、そのことをこの風の時代のどこかで人類の多くが思い出し、一気に〝争いや諍《いさか》い〟が減り、安寧の世になっていくのかもしれません。

We are not stand-alone.

私たちは独立したプログラムではなく、**本来は全員がクラウドを介して繋がっている**ものだと理解すると、誰かから搾取することは己から搾取することであるということに気がつくはずです。誰かを傷つけることは己を傷つけることとなる。それが風の時代には急速に〝コモンセンス〟として普及していくことになるのかと思っています。

風の時代のキーワード

次の時代となる〝風の時代〟。

その新時代を生きる我々が意識するべきキーワードを〝風の時代の用語ペディア〟という形でまとめてみました。

WE：

私たちという意識。

Iから進化したもので、いろいろなことに当事者意識を持つことが新時代の基本姿勢というべきもの。これがさらに進むと〝地球〟が自我になる。

言葉を持つ：

二次情報ではなく一次情報発信者であること。または自分の感性、感覚を通した言葉を発信すること。そしてその行為が共振者・共鳴者を持つことにも繋がっていく。

繋がり：
風の時代に欠かせないもの、ネットワーク。縦社会だった会社・組織重視の働きから脱却するために必要なものであり、そのためには、能動的に繋がりを持とうとすること、積極的に外宇宙(すなわち社外の世界のこと)に向けて〝I〟を打ち出すことがその第一歩となる。

循環／サーキュレーション：
お金、情報、人脈、ネットワーク、すべてがどのように繋がり、また連鎖していくか、その様子や運動を指す。すべてが繋がっているという〝oneness〟の思想があることから生まれる、風の時代の消費活動・経済活動の基本マインドとなるもの。消費・購買は投票という意識を持つこと。

フラット、ニュートラル：
特に水瓶座時代において大事にされるマインド。マウンティングや上手《うわて》に出ようとする行為は敬遠され、広く誰とでも(とはいえ誰でも、というわけではない）繋がれるネットワーキングスキル・姿勢や生き方のベースとなるもの。博愛と敬愛を基《もと》とし、争いや競争はオワコンとなっていくのが新時代の生き方。この意識を持てたものから〝協奏〟時代へと突入する。当然だが、この次元においては搾取や主従、極端な上下意識は皆無となる。

インディヴィデュアル、インディペンデンス：
そのまま訳すと個人・独立といえるが、それぞれがその国の王様（というと極端だが）として振る舞う、その道のプロ、一エキスパートとして仕事を受けたりすること。
個性を打ち出すことにより、仕事を受けたり外注したりして、それが新しい循環、経済圏を生み出す。またもともとは仕事での関わりがなくともイデオロギーやマインド、思想等を同じくする人たちがコミュニティを形成し、その中でネタ・仕事をまわしたりして〝一つのマイクロ経済クラスター〟を形成することもあり得る。いずれにしてもそこに組み込まれるためには、〝個性的・個人的〟である必要があるので、風仕様な生き方をするには、没個性な生き方からは早晩シフトしていくことになるだろう。

パーソナライズ：
大量生産、大量消費からの離脱が進むのがこれからの社会トレンドだとすると、その先にあるものは〝サステナブル・エコ・アースマインド〟だと思うが、その流れを汲むもの。自分の主張がある、色があるアイテムを使い個性を出すこと。またはそのようにそのアイテムを加工すること、または仕立てられたものを指す。

環境問題：
私たちの生きる世界と私たちの意識は次の時代になると、もっと境界線が曖昧なものとなり、我がこととして環境問題に取り組む人、己のこととして感じる人が増えていくこととなる。企業活動、経済活動、また個人の活動としてもこの視点は切っても切り離せないものとなり、〝エコ〟でなく〝エゴ〟なものはどんどんマーケットから退場していく可能性がある。いずれにしても気候変動等の環境問題は過去の風の時代にも共通の〝出来事〟なので、嫌でも〝防災、免疫、自然との共存・共栄〟といった意識は高まっていく。

マテリアル革命：
これからの200年はおそらく資源や所有といったことと向き合う時代となる。
その際に重要になるのは〝後世にゴミとして残らない素材〟〝リサイクルの問題を解決する技術〟といったマテリアルや製造技術となっていくだろう（今までの風の時代は後世にものをあまり残していないことに注目）。思想・哲学は残すが、形あるものはあまり残さないのが風の時代の特徴とするならば、生分解性プラスチックの使用や自然に回帰する工法・

建築物等が多く誕生していくことも考えられる。そうして、環境負荷の少ないライフスタイルが主流となり、〝地球が気持ちよく呼吸できる〟世界を創造していく。ゴミを作らないことはその第一歩で肝となるもの。

ソーシャルキャピタル：
人と人との繋がり、そしてその繋がりがもたらすもの。簡単に言ってしまうとネットワーキングであり、コネともいえる。ＳＮＳ等全盛のこの時代、これがあると、災害時に威力を発揮したりする（ツイッター等を想像してもらうとわかるが、災害時には〝テレビを見てもどこで誰が助けを求めている！　とかがわかりづらいが、ツイッター等ならその瞬間にどこで誰がどのような助けを求めているか等がわかる）。
また、採用にまつわることや、有益な旅情報、海外の現地情報等も得られたりするし、なによりもいろいろな情報をシェア・拡散・告知するときにもある程度以上のソーシャルキャピタルがあるとリアルにその威力は発揮される（エンゲージメントが高くなる、インフルエンサー的な収入源を得ることも可能となる等）。

複業時代：

マルチインカム、マルチワーク。封建時代の名残のような1ヵ所に生殺与奪権を握られるような時代は過去のものとなり、どんな時代の変化、在り方の変化にもフレキシブルに対応できるようなセブンポケッツを持つことが推奨されていく。そのため、オンライン・オフラインビジネス、複利を生むような投資、不動産等等、いくつもの〝インカム〟を持つことや〝キャピタルゲイン〟を望めるような資産等で組まれたポートフォリオ構築が望ましい。

また、風の時代の面白いところは、このポートフォリオに〝お金とか不動産〟以外のソーシャルクレジットやソーシャルキャピタル的なものが含まれるところ（ゆえに〝ソーシャルキャピタルを高めること〟も財力up項目として、ポートフォリオ構築要素として認識される）。

クラウドファンディングに代表されるような、多くの支持者やファンといった人たちの支援やサポートによる〝夢の実現の力〟を風の時代の財務諸表に組み込めるなら、「単純なお金といった財力はないけれど、〝人に応援される力〟がある人」は風の時代には強者となれるポテンシャルを秘めているといえる。そして、それをリアルに行使して、何かを得る、現実化することができるのが「土（後期）～風の時代」の〝力の使い方〟の最も特徴的なものといえる。

風の時代の働き方

正社員→複業→その先へ ～カレイドスコピックな世界～

２０２０年現在、日本を代表する企業が副業ＯＫをうたったり、定年までの雇用は保障しないと言ったりしていることからも、もはや**終身雇用の神話は崩れている**といえます。少し時代を巻き戻せば、〝就職氷河期〟からその序章は始まっていたのでしょう、その頃からフリーターや派遣社員、契約社員等のブームというか、〝正社員〟以外の働き方が激増し、２０１０年前後には〝オフィスを持たない、定位置を持たない働き方〟ノマドワークなるものまで登場して、**働き方の雛形はある程度出揃った**ようにも思います。

もう少し高いレイヤーからこのトレンドを見た場合、つまり、星とか神様とかそういった〝上の意識〟のものたちはいったいどこへ導こうとしているのでしょうか。

星の世界の理論を使い読み解いていくと、今の現象の先にあるもの。それはきっと**「安定」から脱する**ことかもしれません。

風の時代とは移動の時代であり、思想の時代であり、哲学の時代であり、〝いろいろなものが型から脱却し、固定化されていないことを尊ぶ時代〞だといえます。

そういうふうに〝風の時代感〞を捉えるとすると、当然ですが、〝安定〞とはむしろ敬遠するべきものといえなくもありません。とはいっても生活に〝安定〞は必要で、自分や家族を安心させることも大事なことです。ただ、この宇宙は〝万物流転〞の性質を持ち、〝保全〞を好まないことからも、安定からの〝脱出〞がこれからの世のゲームクリアの条件となっていくのだとすると、〝安心〞して暮らせる場所や、安定収入をもたらす仕事に一旦リセットがかかってもおかしくはありません。

前述の例のように、**大企業すら副業を容認**するのが今の時代です。

1ヵ所からの定期収入のみでは生活がままならないから、大企業も雇用を保障できないから、時代のトレンドがそうなってきているから、そのほうが企業側にも都合がいいから。以上のように副業が容認されたり、非正規社員が増えたり、雇用の不安定化・流動化が進んでいるその裏には、きっといろいろな理由があると思いますが、〝政治〞等の理由はおいておくとして、別の視点から見てみると、この流れは決してネガティブなものばかりではないように思います。

例えば、複業の特徴・よい点として、一つの企業や組織に経済面での全責任を背負わさなくていいともいえるし、**誰かに生殺与奪権を握られなくて済む**ともいえます。また、いろいろな社会と接点を持つことで〝社会的に・人格的に〟成長する機会も刺激も増えるでしょう。冷静に見てみると実はたくさんのメリットがあるのです。

誰もが複業収入を得る時代へ

副業といってしまうと、メインがありサブがあるように思われますが、これからは**副業というよりは複業**というニュアンスで捉えるほうがはるかに〝今の時代っぽい〟ような気がしています。マルチタスクでマルチインカムを持つ。たとえば、10社と提携・契約しておけばそのうちの1社、2社が契約破棄・解除・満了となっても、ほかの8社、9社の仕事で食い繋ぐことができるので〝生活〟は保てるはずです。

そしてそのほうが、心や気持ちに素直に**〝やりたいか・やりたくないか〟で選べる自由度**が増し、それに反比例するかたちで精神的なプレッシャー・ストレスは減少し、周囲にフラットな気持ちで接することができ、精神衛生上もよいのではと思われますがどうでしょうか。ただ、これはまだ昭和・平成の時代にも存在したやり方でもありますから、そこまでの目新しさはないかもしれません。

それぞれのオンリーワンを世に出して食べていける時代へ

これからの風の時代はそんな〝複業とか副業とか正社員契約〟といった「カタチノアルモノ」は必然的に減少していくようにも思います。

その流れを後押しするのはもちろん、ネット環境・ASP（アプリケーションサービスプロバイダ）・各種プラットフォーマーの発展です。

そういった〝新時代のインフラ〟が急速に伸びたことにより、趣味的なもの、個人に属するものを〝売る・買う・見る・読む・贈る・譲る〟等が容易にできるようになり、スマホ一つで完結するので他の設備・道具を買う必要がないとか、また、UI（ユーザーインターフェース）が優れ、誰でも使いやすかったりすることもその普及にブーストをかけた要因だろうと思います。

結果、売り手も買い手も発信者も受信者も近年爆発的に増え、うまく隙間時間を使って稼いでいくこともできる時代となりました。

ここ数年はさらにそれらにも拍車がかかり、SNS上で人気がある〝奢られるプロ〟や〝なにもしないプロ〟のように、〝人生のストーリーを売る、自分がコンテンツ、ネタになる〟人たちも出てきたりと、いろいろなネタ・あり方を駆使して働く……というか、食べていくことすらも可能になったのが、プレ風の時代の特徴だと言えるでしょう。

デジタルツールを駆使して世界と繋がれば、あなたの持つなにかを欲している人たちがかならずどこかにいます。

今まではそういったあなたを売っていく場所が〝就職活動〟とか〝アルバイトの面接〟とか〝営業の現場〟とかのように、非常に狭い間口であったわけですが、よくよく考えてみれば、それはありえないほどに限定的な行為です。面接の場にいる人事の人や一人の役員が〝あなたの年収や時給や条件等〟を決めること。それは〝当時は普通〟でしたが、今の時代感と照らし合わせてみるととんでもなく〝過去の時代のもの〟のように感じてしまうのはきっと私だけではないはずです。

今の時代を生きるあなたはもう〝世界と繋がれる〟存在です。

携帯電話・PC・タブレットがあれば、世界と繋がり、世界中で〝複業〟ができ、世界のだれかのため、あなたの才能・センス・魅力・色を打ち出して、その対価や何らかのリターンを受け取ることもできるのです。

BEYOND WORK ――働くのその先へ――

風の時代は「正社員・終身雇用」の時代から「副業が許容された複業」の時代を超えたその先にある、**「働くという概念を超えた**／BEYOND WORK」時代になっていくのではないかと思っています。

重要なので繰り返しますが、その領域に行くためには**〝自分の色〟を出していく**ことが絶対条件です。これからはそうして打ち出された個性と個性が繋がり、連携し、世界は多色で華麗なカレイドスコピック（万華鏡のよう）な世界になっていくのだと思います。

風の時代の 経済

市場から私場へ

土から風に時代が変わる。

占星術業界ではそういわれてきて久しいですが、街を歩いていても、ネットを見ていても、ここ数ヵ月は特にその兆候を各所で感じるようになりました。

おそらく皆さんも過去の時代から綿々と続く制度や仕組みの歪み、過去の時代の遺物と化していて機能不全になっているものをいろいろなところに見つけていることと思います。

最近、私が強烈に感じた「オワコン化しているもの」の内の一つに、〝**市場原理・市場**〟なるものがあります。

今の資本主義ベースの世界の仕組みをよくよく観察してみると、市場というよくわからないが、確実に存在している「枠」と「圧力」（とそれを生み出すもの）、それが今の私たちの多くをコントロールしているようにも思えてきたりしますし、また、誤解を恐れずに言うと「私たちは生殺与奪権のようなものを超間接的に市場に握られているようなものなのかな」とも思えます。

だから、多くの人たちはその圧力や威に疲弊し、怯えたりしている。

受験とか就職活動とかその辺りから〝市場原理〟がガンガンに幅を利かせてくるので、気づいたら刷り込まれている感はほぼだれも（私含めて）否めないのではないか、とも思いますがどうでしょうか。

とはいえ、市場があるから楽しいとかやりがいを感じる（量的な成功が得られる）というものも確実にあるのです。それゆえ、その存在を完全に否定することはできません。

ただ、よくよく考えてみると、いつの頃からか、市場といわれるところで行われているある程度のことは、インターネットとかテクノロジーを駆使すれば〝おうちでもできること〟になってしまっていたのです。

しかし、〝利権があるところ〟からしてみたら、それは〝美味しくない気づき〟なので、いろいろな方法でそこからの脱却が妨害・延期されていたように思われます。

ただ、今、世界は急速に動き、その姿を変えようとしています。

大規模な市場（market）から、個の軒先販売（私場）へ。

市場で勝利しようとすると、結果を出すためには大量のデータ、アナリシス、時には政治力等を駆使せざるを得ず、結果、人員、オフィス等の場所、たくさんのリソースが必要となります。

　でも軒先業ならどうでしょう？
　おそらくですが、その〝コスト〟は前者のそれとは比較にならないほど小さいはず。
　でも〝そういった巨大な組織〟で働くのと同じぐらいのリターン、なんならそれ以上のリターンがあるとしたらどうでしょうか？
　そこまでいくと〝なぜ市場は存在するのか〟というところまでいってしまいます。そういった経済理論的なことはここでは深くは触れませんが、なんだか、「市場」を生かすために私たちがいるのでは？　などとすら思えてくるから、ある意味すごく滑稽です。

私たち＞市場　が正しい力関係であり、
私たち＜市場　ではないはず。

　気が遠くなるほど長い間私たちはこのトリックから抜け出せずにいて、なんとも本末転倒な状態になっているのが今までの市場至上主義の世界観でした。

市場という実はかなりクローズドな社会から一旦飛び出してみる。そうするとそこにはブルーオーシャンがあったりします。

市場の中にいたら多分見ることのできない美しい世界がそこにはあるのです。

とはいえ、まだまだ我々は市場原理が優勢の時代に生きています。

そのため完全に市場をスルーするわけにもいかないのですが、ただ、いいバランスで外と内を使い分けることができれば、きっと市場自体もしかるべきスケールに落ち着き、もっとミニマルなものになり、**〝角が取れた可愛いモンスター〟みたいになっていく**のかなと思います。

その頃にはきっとこの世の中ももっともっとクリーンで風通しのよいものになっていきそうだと思っていますが、どうでしょうか。

風の時代の職能

愛とセンスが財の種になっていく

社会の中で頭角を現す。有名・売れっ子になる。ヒットメーカーになる。

表現の差こそあれど、〝成功〟的なものはそれなりの上昇志向があるから、だれしも〝そのための手法とか、必要なもの〟を考えたりするはずです。

火の時代には、○○一刀流の免許皆伝を受け、お上《かみ》に召し抱えられれば、今でいうスターのようなものだったのかもしれませんし、MBAを取得するため、海外の大学院に行く人たちが多くいたのは土の時代の最終章、数年ほど前のことです。

これからの時代には〝では、なにが成功の必須要素となるのか？〟と問われたとしたら、「センス」自体を扱うビジネスが今よりもクローズアップされ、価値を帯びてくるのでは？と今の私なら答えます。

つまり、これからの時代は今までの時代的な**ビジネスセンスよりも、センスビジネスが優勢に**なっていくということです。

ビジネスセンス　⇩　センスビジネス

なんだか言葉遊びみたいでなんとも恐縮ですが、「センス」を売るとかセンスで貢献するとか、センスをパッケージ化するといったものが、この言葉の真意です。

「インフルエンサーマーケティング」なるものがここ数年ではしっかり数字を伸ばしています。センスのいいユーチューバー等は数ヵ月で何万人も登録されていたり、人気アーティストは動画1億回再生！と金字塔を打ち立てていたりもして、センスとか〝よき〟感覚の持つパワーというのは一般にもだいぶ根付いてきたように思いますがどうでしょうか。

また、アーティストやクリエイターといった職種では「あの人はセンスがいい」とか「あのセンスが……」などと使われたりもして、「センスのいい／悪い」はさっと想像以上に我々の日常に馴染んでいる言葉かと思います。

ただ、一般レベルで見ると、我々の世界にはかならずしも**「センスがいい」といえないもの**が至る所に溢れているようです。

仕様上仕方なくこうなったのだろうな……というものや、ずっと同じシステムが踏襲されてきたからこういうふうになっているんだろうな……といったもの。あと、大変失礼ですが、完全にビジネスライクに作られていて、「**そこに愛がないもの**」が世には溢れているようにも感じられます。

無印良品の製品みたいに、狙いを定めてこれ「で」いいをつくっているのではなくて、もう、何も考えずに、それがそこに「あれば」いいんだろう、といった気持ちが商品とかサービスとか諸々から垣間見えるものの類いはこれからの時代にはまさにオワコン化していくように思われます。

いわゆる「センスがよくないもの、愛がそこにないもの」はこれからはハイスピードで淘汰されていくでしょう。いや、というよりも〝愛があるもの・センスがあるもの〟がたくさん生まれたりサービスがアップデートされたりして、どんどん**愛あるもので上書きされていく**のかもしれません。

なぜなら、**風の時代は〝波動の時代〟〝バイブスの時代〟**であるから。また、水瓶座の時代は〝クール〟なものづくりをしないと、その商品やサービスは流行ることも売れることもきっとないでしょう。「いやいや作られているもの、気持ち・愛の込もっていないもの、本質がそこにないものの類い」はどんどん「退場」になっていくような世界。それが風の時代であるし、特に風の時代の序盤の20年はその色が相当強くなるように思われます。

そしてそこに登場するのが、時代の救世主ともいえる**〝いいセンス〟を持つ人たち**です。

倫理観、バランス感覚、色彩・形態にまつわるセンス、語感・ワードセンス。センスにもいろいろありますが、そういう卓越した感覚を持つ人たちが、土の時代のレガシーや商品たちに脚色・カラーリング・センスアップの魔法をかけていき、世界を一気にバージョンアップ！　この世界をセンスよきものへ変容させていくことになるのではないでしょうか。

風の時代の主人公

風の時代は天才の時代

時代が動くときには一部の天才が世を動かし、新時代のあり方を示すことが多いように思いますが、果たして今回の時代の変遷には一体どのような天才が現れるのでしょうか。

天才というと、何の因果か次の時代の〝主人公〟となる水瓶座は、実は12星座中、**もっとも天才を輩出するといわれている星座**です。

ただ、天才はその才能の使い方を誤ると〝天災〟にもなりかねませんから、その天才性の使い方には注意が必要です。ただ、この風の時代の導入期、特に2020~2023年は土星という〝基盤・大地・試練〟を表す星が水瓶座の直上に座するので、水瓶座の天才たちにも利きのいいブレーキが搭載され、**〝暴走することなく〟、大活躍**することになるのではと思います。

前述の通り、この時代は水瓶座の力が〝土台〟に向けて発揮される時代です。

そのため、新システムを構築したり、新しいコミュニティのあり方を提唱したり、面白いプラットフォームをつくり上げたり、次代のサービス・プロダクトをローンチしたりして、各方面で〝天才・新人類〟たちが綺羅星のごとく出現していくでしょう。

占星術的な星回りからも、この時代ほど未来に偉人として扱われる人たちがたくさん現れ、頭角を現していく時代は過去にも未来にもないのではないかと思えるほど、**天才大豊作時代**となっていくはずです。

人類は今、大混乱の時代を迎えていますが、それは言い換えるなら〝**何かを劇的に変えていくチャンス**〟であるということです。そしてまた、神様や星はその混乱に対して、しっかりとした解決策・対応策も用意してくれているものですが、それがこの天からの助っ人、〝天才組〟の存在のような気がします。

220年ほど前に、つまりミューテーションが起きたとき、時代の主軸が変わりました。この時には「時代の主権が王族から民に移る」ということが、多くの地域で起こりました。

その最たる例は〝フランス革命〟でしょうか。絶対王政から、共和制へ。民は革命を起こし、国、共同体の主導権をその手にしたのですが、今回のミューテーションではそのような市民革命とか大きな〝力の変遷的な出来事〟は起こり得るのでしょうか？

起こり得るともいえるし起こり得ないともいえる、というとなにやら「どっちつかずな感じ」もしますが、個人的には天才たちは世の仕組みは変えていきつつも、表立っては**時代の〝主権者〟を変えていくようなことは今回はしない**のではないかと思っています。

なぜならそんな〝血を見るようなことや自らを危険にさらすこと〟を、彼らはおそらくその天才性ゆえに選択しないのではと思われるからです。

とはいえ、そのあとに来る〝水の時代〟（２２２０年頃）になると、今度は争いやなんらかの〝主権者像〟が変わるようなことが起こるやもしれませんが、それはまた別の機会にお話しすることとしましょう。

風の時代は〝知〟の時代ともいわれているように、今回の風の時代の主人公となるのは**〝知の巨人たち〟**であるというのは想像に難くありません。または、創造性に富む人、アイデアに秀でた人たちということもできます。軍資金がなくても、学歴がなくても、どこに住んでいても、その世界は〝出入り自由〟な世界です。

風のように自由。

それが風の時代の特徴なのですが、その自由が阻害されることが起きたときには〝風の勢力の大きな反発〟が起き、台風のような勢いであっという間に何かが覆るということもあるかもしれません。

自由と感性と知性。それらを使って悠々と人生を楽しむ。

これからはこういった〝時間とか余裕を求める〟方向に向かって人類は進化のベクトルを変え、その足を踏み出していくのではないかと思われます。

「風の時代の新人類・天才」といえる人たちが空白・余裕がある状態をよしとする方向へと、新しい価値観へとリード。それらを受けて、世界の主軸が徐々に変わっていき、新しい時代のあり方・ニュースタンダード的なものが徐々に醸成されていく。そしてそれは〝完全に公私の区別のない、プレイフルな、個々に創作や個人間での売買を楽しむ世界〟であるような気がします。そういった新時代のベースが天才たちとそのサポート集団によって出来上がっていくのが、ここから10年の間に起こり得ることであり、社会の変化なのではないかと思います。

＊追記：天才とか言いましたが、**人類は誰しもその内に天才性を秘めている存在**です。違いは「それを出すか出さないか」だけ！です。そしてそれは〝選べる〟ものでもあります。風の時代はまた、天才性に関する研究とか本とかがたくさん出てくるかもしれませんね！

風の時代のタイミング

アイディアは生まれたいときに生まれる

少々個人的な話になりますが、昔、デザイン学校を卒業し、最初に勤務したデザイン事務所ではデザインの納期や締め切り的なものが決まっていて、当然それに合わせて進行表を組んで、このタームまでにはこれをして、あれを仕上げて、という感じでプロジェクトを進めていました。そして、それに対してはさして違和感はなかったですし、きっと企業論理的にも1ミクロンも間違っていなかったはずです。

ただ、その後、ある本でデザイン界の巨人、フィリップ・スタルクのインタビューを読んだのですが、そこに記されていたことは私の常識とはまるで真逆のもので、コペルニクス的転回が起きたような感覚すら覚えました。

要約するとそれはこのようなものでした。

「**アイディアとか発想とかそういうものはマグマのようなもの**。地下でぐるぐるして、あるタイミングで突然ドーン！　と噴火する。そしてそのタイミングは〝人のタイミング〟

ではない。**だから私は納期も守らない**し、ただ、噴火するのを待つだけ。朝はベッドで過ごして、昼は散歩して、昼寝してご飯を食べて、夜はワインを飲んでシャワーでも浴びて寝る。その繰り返しさ」……これを読んで、当時の私は、〝え!? そんなことあるのか!?〟とそこに書いてあることがまるで信じられなかったものです。

数年後、私の友人で会社の経営者でもあるLが彼に「新商品のデザインをお願いした」と聞いて、実際にどうだったのかを確かめる機会に恵まれました。

当時（2005年）、フィリップ・スタルクは彼のところに来る依頼の98%ぐらいは断っているといった状態だったので、そのうちの2%に入れたことだけでもすごいこと。ただ、話を聞いていくと、納期を設定しても、それを過ぎても連絡もないし、デザイン自体も全然出てこないといった具合らしく、その友人Lも困っている様子でした。

事務所に電話しても彼は不在だよとスタッフが言うだけで、本人とは話ができない。納期を1年半過ぎてやっと彼とは話せたが、それはなんとデザインの納品のときだったそうです。さすがに巨匠らしく、もちろん一発OKの素晴らしい出来だったそうなのですが、どうして1年半も遅れたのですか? と聞くと、〝Nasce quando nasce〟、「（アイディアというものは）〝生まれたい（生まれるべき?）ときに生まれるものだ」と言い放ったらしいのです。

これを聞いて当時の私は〝はぁ〜!?〟と思いました。

正直、デザイン業界の重鎮だから何をやっても許されるのだろう、もはや偉人レベルの人でビッグネームすぎるから全員がイエスマンにならざるを得ず、そういう暴挙もまかり通るのだろう、と。

当時は彼の理屈は全くわかりませんでした。

でも、若輩ながら、もちろん私が彼の域にあるという意味ではないのですが、今ならそれもわかる気がするのです。

なぜなら、**すべての物事にはタイミングとか〝時〟というものがあり**、きっとそれは人の都合でどうこうしていいものではないのでしょう。そこを捻じ曲げてなんとかしようとするときっとろくなことがありません。きっと皆さんの中にも無理やり進めてしまって、結果、〝ろくなことがなかった〟という経験をした人もいらっしゃるのではないでしょうか(私もその経験者の一人)。

時を知ることは非常に重要で、さらにそのタイミングを感じとるセンス、ビビッと来るアンテナといったものはもっと重要です。

常に何をしているわけではなくても、ビビッと来たときにすぐに図面に落とせること・絵を描けること・文字に起こせること・音楽を奏でられること。

そういうセンスは特にこれから重要になっていく気がします。

とはいえ、その境地で働ける人はこれまでもこれからもそんなに多くはないかもしれません。ただ、そういう働き方を許容できる社会はきっと豊かな社会に違いないとは思います。

これからの時代は感性・感覚の時代、アンテナの感度が高まる時代だといわれているからこそ、そういうふうに**〝物事が生まれるタイミング〟を人間の基準だけでジャッジしない世界**になっていくといいなと思っています。

風の時代の占星術

アストロロジカルな生き方が、新時代の主軸に

人は己の内に〝自分を動かすメインドライブ〟みたいなものを持っています。人・時代によってはその〝メイン軸〟となるものは、主君とか先人の教えかもしれないし、両親から伝えられる家訓とか、そこまでいかなくても〝家のしきたり〟というものもあろうし、もっと単純に社会的な一般常識、雰囲気みたいなもの（同調圧力含む）もそれに含まれるかもしれません。

自分のヴィジュアルとか体質は両親からの遺伝要因が多いとされるように、**自分というものは意外と自分以外の要素から成り立っているもの**で（当たり前の話ですが）、ジャッジ・選択の際にも〝自分の考えとか価値観〟以外のものが影響を与えていることなんて普通に生きているとままあることです。

生き方の基本、指針を経典にもとめ〝心の安定〟を常とすること。
自然との共生をはかり、〝地球と呼吸を共に〟すること。

財物を集めて、〝安定とか安心〟を得るマテリアルファーストで生きること。

〝刺激とか変化〟を求め、旅の中や冒険に生きること。

多種多様な生き方のオプションがこの世にはあり、メインシャフトに据えるものによって人生はいかようにも変化するものです。

では、混沌を極めるこの現代において、いったい何が正解で、なにが最良で、なにが最も〝今らしい〟のか。

ただ、現代のように多様化した世界においては、おそらくその問いの答えは永久に出ないでしょう。


いろいろなものが相反しながら存在し、利と不利益のバランスをとりながら生活をしているのがこの地球であり、また、それは、男女・昼夜・哀楽等、陰陽にすべてのものが分かれて存在するこの世のあり方の基本ともいえるものです。

そんな多様化した時代に〝主軸となり得るもの〟があるとするならば、それはアースファーストでもエコノミーファーストでもラブファーストでもフリーダムファーストでもなく、宇宙とそのバイブスを共にする、**ユニバースファーストな生き方**ではないでしょうか。

そしてこれから時代のメインステージへと躍り出てくるのは、大いなる宇宙の律・リズム

・ビートとシンクロするための術式である**アストロロジー**（占星術）かと思います。

アストロロジカルな生き方――宇宙とシンクロする方法――

アストロロジーは本来、敵も味方も善も悪もつくらない、すべてをファクトで表すことができるもの。人生や宇宙の理についてのニュートラルで包括的な理解をもたらすものであるからです。

当然ですが、その管轄領域は人の一生だけでなく、人の世に起きることすべてに適用することが可能です。なんなら天変地異や時代の流れにまつわるすべてのことを、読み方さえまちがえなければ、ある意味、ロジカルに説明ができてしまうツール、それがホロスコープ（占星術で使う天宮図）なのです。

この多極化した世界で、〝いい悪い・正誤をつくらない〟基軸となるもの。

それこそが〝新時代の魂の救済のメソッド〟であり、より深い域へと魂を進化させていく指針となるもののように思われます。

〝アストロロジー〟（ｏｒそれに近い東洋・西洋の占術体系）的な世の理・リズムを記したものを学び、納得し、自分も宇宙の一パーツである（に過ぎない）と理解すること。

そうすることで大局的な視点を得られ、この地球上でのあれこれをしっかりとこの三次元ボディを使って楽しみながら、また同時にミッションを果たしていくことも容易になるのではないでしょうか。

ユニバースファーストで、**アストロロジカルに生きる**ことができると、〝目の前にあることはすべて些細なこと〟といった概念を持つことや、人生になぜドラマが起きるのかといったことを俯瞰的な視点から見ることができ、それぞれの理解も早くなっていくはずです。

あなたに凹《へこ》みがある理由

地球や宇宙はこれからどのように進化していくのか。

その進化の過程の中で自分はどのポジションにいて、なんの役目を果たすことで宇宙に貢献ができるのか。それらがわかってくると、壮大な宇宙の進化の一ページ、一部を担うという自覚が備わり、逆説的に**人生を主体的に生きる**ことにも繋がっていくと思います。

なぜあなたに〝凹み〟が授けられているのか。なぜあるコンプレックスを持たされているのか。それを理解していくと、〝どうせ私なんて〟〝だって私○○だから〟〝いやいや○○ができないから〟などという自分を卑下した、自信のない発言はきっとできなくなるはずです。

なぜならその凹みこそが、または突出した癖・思考等こそが、宇宙に、地球にダイナミズムを生み出すもので、だれかの凹みとだれかの凸が組み合わさり、完全な調和・和合が生まれたりもするもの。

基本的にはそのゲームを繰り返していくのが人生ですが、そのルールや時代背景も星の流れによって変化していくので、時化《しけ》もあれば凪《なぎ》もある海のように〝一定ではない〟のがこのアースリヴィングゲーム（地球を生きること）の面白いところでもあるのです。

そして、そのゲームをプレイする上での〝持ち駒〟やゲームの世界のリズム変化そのものを示しているのが占星術であり、またその叡智を利用して生きていくのがアストロロジカルな生き方だといえます。ゲームをするために上から降りてきているのに、そのルールも知らずに頑張ることほど無駄なこともなく、結果、そういった**根本原則やルールを知ることにより、時間を無為に過ごすことも減っていく**はずです。

人の世界よりも大きな世界、また、人知の外の世界のロジックがあったとして、〝それを覗き見るツール〟〝その叡智のかけらを人の世に下ろす経路〟がホロスコープです。

人間界をより楽しく、豊かに、そしてミッションオリエンテッドで生きるための羅針盤が占星術だとすると、それを使わない手はないと思いますがどうでしょうか。

〝人知を超えた、なんだか偉大な・大いなるもの〟がきっとこの世界には存在していて、それを使わせていただくと〝いろいろなことが腹落ちするし、うまく進んだりもする〟。おそらくまだまだマイノリティではあるけれど、昨今のブログやSNSなどのネットの世界を見ていると、たくさんの人たちがこのことに気づき始めているような気がします。

2020年に幕を開ける風の時代とは「アストロロジカルな生き方やその世界観が一気にこの世に広がっていくとき」になるのではないだろうか、そして**次時代を生きる指針として星を使い、宇宙の英知と共に生きる**選択をする人が、この世界にすごいスピードで増えていくのではと予想しています。

Chapter

3

風の時代に自分を最適化する方法

「風の時代」がどういうものかは
わかったとしても、生まれて以来どっぷりと
浸かっていた〝土〟のマインドから急に
脱するのはなかなか難しいもの。
ここからは、発想転換のヒントとなるものを
お伝えしていきます。
また、星タイプごとに異なる、
新時代への適応力もチェックしてみましょう。
その度合いが低い星タイプでも、
必ず救いはあるので安心してください。

クリアかどうか

これからの風の時代を生きていく上で重要な指標は何か。

また、意識するべき心がけやあり方の基本姿勢みたいなものは何かと問われれば、今の私ならこう答えるでしょう（2020年8月現在）、

〝それはCLEARかどうか〟です、と。

【CLEAR：透明・汚れていない・澄んだ・晴れ・純粋な・清らかな】

辞書的にいうとクリアとはこういう意味があります。

とってもシンプルではありますが、これを新時代の基軸に据えるとなると〝はて？　クリアな生き方とは？〟などと、シンプルであるがゆえにその言葉の理解や解釈はいかようにでもなり、人によってはまったく違う捉え方となりそうな、少々哲学めいた生き方の指針かもしれないなと思っています。


例えばクリアな状態というのを私たちの心や体に当てはめるとすると、**健全健康で、心**

が晴れた空のように澄み渡っている状態のことといえそうです。

よく「健全なる精神は健全なる肉体に宿る」などといいますが、クリアであることとはそれと同義と捉えていただいてもいいかもしれません。

最近の言葉でいうと〝意識高い系〟というものがありますが、高い意識をキープすることで高い波動を持つクリアなボディも作られていくはず。

また、近年ではSDGsの17の目標、オーガニック認証、コンビニやスーパーのレジ袋の有料化が導入されたりして半強制的に〝意識高い系の生活〟に私たちもスライドさせられていますし、また、電子マネー&カード決済が増えたことによりキャッシュレス化、そして〝お金の流通・循環〟が可視化され、私たちの世界はこうして着実にクリア化に向けて歩を進めているのです。

人の数だけあるオンリーワンの成功の形

今の世界には〝積み上げ重視の世界〟が残した堆積物が多く存在しています。この社会に、そして私たち自身に、どれだけ**土の時代の〝積み上げ式の生き方〟のルールが根深くインストールされている**ことでしょうか。経験・実績を積むこと、預金残高の桁が増えていくこと、家が広くなっていくこと、組めるローンの上限が上がっていくこと。

それらはここ数百年のうちに人類が作り上げてきた概念やシステム、または土の時代的な価値観が生んだ豊かさのスケール上での優劣や上下、貧富、格差にすぎません。

戦国時代における武訓の多さ、土の時代における残高の多さや企業職を得ることはかつては成功の形たり得ましたが、これからの風の時代にはそれがくずれていくこととなりそうです。そもそも土の時代には多くの人たちの霊性も上昇し、ある程度の物質的な豊かさや日常生活のコンフォートが保証されている、先進諸国だけに限って言えば、人類史上稀に見る〝安定〟を得られた時代です。


そういった安定した日々が続くと、人々は外にばかり目を向けることをやめ〝内側に目を向ける〟ようになります。日々のルーティーンが決まっているからこそ、習い事に通えたり、お稽古事に没頭できたり、はたまた趣味に興じたり、作品を作ったり、小説を書いたりする余裕・余白がある生活ができるというものです。そして、その延長線上にあるのはきっとマズローの法則でいうところの4つめ、5つめの段階（最後とその手前）の承認欲求と自己実現欲求といわれるものではないでしょうか。**社会における安定したものを得た先にあるもの。それは「より私らしくあること」**、なのです。

昨今、マインドフルネスやスピリチュアル・自己啓発といった分野が人気を博しているのは、人の意識がその次元の欲求を求めるレベルまで上昇してきたから。そうして自己と向き合う機会が増えれば増えるほど、他者に向けられる目も変化していくはずです。

意識レベルが上がれば上がるほどに自分を中心にしたスケールで物事を見なくなっていくので、**世界は多くの異なる価値観、多くの色で構成されている**ことをこの次元の人たちは理解していきます。この次元まで上がることで初めて人は世界の構造自体を腹落ちさせることができるのです。

このステージに達すると「人の価値＝〇〇」などというような絶対的な判断基準というのは本来は人間界には存在しておらず、一つの判断基準・パラメーター・インデックスに当てはめて人をジャッジすることは傲慢な話であり、そもそも無理なのだということに改めて向き合えるはずです。

風の時代の基本軸は、みんな違ってそれでいいをさらに進化させた、「みんな違ってそれがいい」です。私たちは本来、各々別々の成功の形・進化の系譜をもつものです。

ユニークネスが尊重されるこれからの時代には、もはや過去の時代に存在した一種の成功神話は一気に化石となっていくかもしれません。

あらためてクリアネス

話をクリアなるものに戻します。これからの時代にはクリアネス（透明性）が大事だといってみたものの、人間、生きていれば秘密にしておきたいことや人生の汚点、どうしても明かしたくない悪癖・変わったルーティーンみたいなものが一つや二つはあるものです。

ただ、ここで注意しなくてはならないのは、それら「個人的な癖や変な趣味、隠したいマインドを持っていること」＝「ＮＯＴクリアな状態で、次世代的ではない」と非難しているわけではないということです。

人は神様ではありませんから、その人生の過程で過ちを犯すこともあるでしょうし、弱さも惨《むご》さも傲慢さもあったりして、人生にはアップダウン・泣き笑いがつきものです。だから人は他者に晒したくない何かを持ってもいいし、それを全て打ち出せ！　ということでももちろんありません。また、そういう弱さや歪みがあることが、人間が霊格的に発展途上の生物である証明でもあるといえるでしょう。

ただ、そういう人生の泣き笑いを表に出すとか出さないということとライフスタイル論はまた別のものです。

次代における**クリアネスとは一種の倫理観**のようなもの。

自分〝だけ〟が得をするとか、自分たち〝だけ〟が暴利を貪るみたいなこととか、また、明らかにクライアントファーストからかけ離れたことをするとか、従業員・サービス対象者から搾取をするようなシステムになっているとか、はたまた過去の時代において得られた〝利権〟等に過度に固執するとか……そういった一連の〝I〟意識を過剰積載した、ブラックに近いような行い、またはそういった閉鎖的なマインドセットを〝クリアではない〟とここでは表現しているわけです。もちろん裏ですべてを決めてしまう八百長・談合等もそうだし、時代劇でおなじみの〝山吹色のお菓子〟システムも当然、NOTクリアなものでしょう。

政治の世界も同様に、伏魔殿《ふくまでん》とか永田町には鵺《ぬえ》が住むとかいわれていて、政治ニュースや国会答弁等を見ていると〝本当のところはどこまで表に出ているのか？　それこそ上辺の情報しか国民には知らされていないのではないか？〟などとつい勘ぐってしまうように、まさに今の政治のシステムも〝土の時代に築き上げてしまった〟防波堤、いや、防人堤の象徴のように見えますがいかがでしょうか。

中立・中庸な視点でフラットにいろいろなことを見ていくと、この世界で今、人気を得ているリーダーや著名な人たちに共通しているのは、どこか〝陰がない〟というか、〝クリアな印象〟を持つ人が多いように思います。いいところもネガティブとされてしまうようなところもガンガン出す。だから人気が出る。そしてそういう人たちはもっといろいろなことにチャレンジしていく。そうしたら、また人気も加速する。なんとも愉快なクリアスパイラルではありませんか。

また、私たちにおそらく最も身近な領域である「食品」でもクリアネスは重要です。トレーサビリティという言葉はもうご存じの方も多いと思いますが、商品が「どこで誰が作っていてどこを経由してどういう加工がされた」ということが記載されていて追跡可能なこと。それらは食品のみではなく、きっと他の商品・商売等においても重要な指標となり、今後、時代が進めば、二酸化炭素の排出量やその他廃棄コストについても記載されたりしてくるやもしれません。そういった動きが進んでいけば、日頃の買い物から、家を建てる、車を買う等、ありとあらゆる消費活動についての「生産から廃棄まで」を日常的に考えることがスタンダードにこれからはなっていく。そしてそれは**私たち自身も全ての消費・循環に責任を持つ**ということなのです。

Iを出せる場所……

２０２０年12月22日に風の時代の始まりのファンファーレが鳴り響いたその後の世界。そこは〝水瓶座のパワー〟が強くなっていくアクエリアス時代というものなのですが、その世界では水瓶座の管轄領域を生かすこと、もしくは意識していくことが非常に重要になっていきます。水瓶座のキーワードは〝独自性・博愛・インターネット〟。風の扉が開いた、それ以降の世界は**〝I〟、つまり自分の色・個性を出していく**ことで、世界に散らばる同志たちと繫がり、お互いにリスペクトし、協奏し合う世界になっていくように思います。

また、**お互い凹凸を埋め合うような**ネットワークの広がりが一層加速し、餅は餅屋的な助け合い・相互扶助が当たり前に起こる時代になっていくのではないでしょうか。では、その〝協奏体〟に組み込まれていくためには一体どうすればいいのでしょうか。

古典的な手法でいうならば、それは〝手を伸ばす〟ことです。

周りに対して助けを求める、何が必要かを言う、あれがしたいこれがしたいと言ってみる、これまでの常識に従っている人たちからすると「なんでも主張をして、なんて子供じみた感じがしてはしたない」と思えるかもしれませんが、これからの時代はそれでいいのです。世界はあなたが何が要るかを察する力はありませんが、あなたが何が要るか・何がしたいかを言えばそれを全力でサポートする用意はできています。そして、そのために人は凸も凹も持たされている存在であり、またコミュニケートできる言葉を持っているのです。

〝**手を出す・口を出す・何かを出す**〟ことで初めてその人の色が生まれ、個性が周りから認識されます。SNSへの投稿に対するリアクションでもつぶやきでもなんでもいいのですが、手を伸ばすからだれかがその手を取ってくれる可能性が生まれるのです。

そして、その〝I〟を出せる場所ですが、〝風の時代＝情報の時代〟だからといって、インターネットが全てではありません。

会社でIを出せる人は会社で。おうちでIを出せる人はおうちで。友人たちの前でIを出せる人はそこで。趣味の世界でぶっちぎりで自分色を出せる人はそこでもちろん大丈夫です。今の時代、Iを出すにもいろいろな場所や、いろいろな手法があります。

きっとそれぞれに合うやり方、それぞれに向くプラットフォームがあるでしょう。

おうちは好きだけど発信は苦手とか、発信は好きだけど家事はできないとか、会社勤めはできないけど動画編集はプロ級とか……いろいろあると思うのです。

それぞれがIを出せる場所で、それぞれの個性を打ち出していけばいいのです。そうしたらだれかが新しいコミュニティに連れていってくれるかもしれません。また、だれかがネタを拾って拡散してくれる可能性だって、だれかが手助けしてくれることだってあるでしょう。著名な人がリプライ等でいいアドバイスをしてくれることだってあり得るのです。

でも、そのきっかけはやはりどこかに、どんな形でもいいから、「I」を出すことから始まるのだと思います。いや、正確にはIを囲んでいる、このカッコすら邪魔なもの。カッコでくくるのはやめてしまって、格好つけるのもやめてしまって、評価はもう周りに委ねてしまって、ガンガンIを出していく。

エクソダスという言葉は国外脱出といった意味ですが、自分の中にある狭い国の中に「I」を閉じ込めているなんてナンセンスです。千年の孤独から抜け出すにはIを打ち出すことがやはり必要最低条件。勇気を出して自国から飛び出してみたら、そこには可能性溢れる広い世界があり、今までいた世界が急にちっぽけに思えるかもしれません。

造語で、しかもそんなに格好よくもない響きで恐縮ですが、これからの時代はエクソダスならぬ、アイヲダスことがポイントです。「Iを出す」ことで自分が今まで閉じ込もってきた小国から出る＝エクソダス（脱出劇）が幕を開けることとなるのかもしれません。

体に刻み込んでいくこと

例えば富士山のことが知りたいなら、標高が何メートルでどの位置に山小屋があってというのはネットで検索すればすぐに出てきますが、これは〝知識〟というものです。

では、実際に富士山に登ってみるとどうでしょうか。何合目からが一番きつかったとか、想像以上に山道が汚れていたとか、山頂はすごく肌寒かったとか、ネットにはない〝生の情報〟がたくさん得られるはずです。しかも全身を通して！

こうして二つの事象を対比するとわかりやすいのですが、前者は〝脳へのインプット〟で、後者は〝**体を通して、五感を通してなにかを蓄積していく**〟、〝もしくは**体に経験を刻んでいく**もの〟です。

そして前者はいくらでも調べられるもので、後者はまさに一期一会のものであり、富士登山でいうと、また登りたいという人もいれば、もういいかなという人もいたりするように、たとえ同じことをしても何を感じるか、どう思うかもまたそれぞれ人によって異なるものです。

実はこれは日常生活の中でも見つけられるものです。

例えば、自転車に乗ること、自動車を運転することを日常的にしている人は、運転の仕方はもはや体が覚えているはずです。

例えば、毎日のようにしていることを急に順序立てて説明して！　と言われても、「あれ、そういえば自転車に乗るときはなにからやるんだっけ？」ととまどってしまうことすらあるはず。それは、「体の感覚」として落とし込んでいるために、それを一旦脳に持っていき情報として処理しなくてはならないから。すぐに答えられないのはそのためです。

体が覚え込んでいる〝ｈｏｗ ｔｏ〟的なものはウィキペディア等で調べ尽くしても急に自転車に乗れるようにはならないですし、車の運転も同様に〝仕方を知っても〟おそらく運転できません。

なぜならそれらは前述のように「体感覚に落とし込んで、初めて使えるようになる」ものだからです。

それほどに体に刻まれたことというのは強いので、仮に少し間があいて忘れたとしてもすぐにまたその勘を取り戻すことができます。

これからの時代、渡世に必要になってくるのは間違いなくＥＸＰ（経験値）の方。つまり**ウィキ化できない感覚・体験**です。

風の時代に自らを最適化していく方法。それはきっといくつもあるでしょうし、いくつかの経ていくべきステップもあるはずですが、おそらく最も大事なもののうちの一つはこの概念を頭に叩き込んでおくことでしょう。「ウィキ化できるものはこれからは一層意味を持たなくなる、いや、重要性を持たなくなっていく」ということ。

逆にどれだけユニークな体験を体に刻み込んでいくか、どんな色を体に染み込ませていくのか。それがこれからの新時代のアティテュードのような気がします。

自分の星を使えば、「風」への適応戦略がわかる

どのように自分たちが次時代に最適化していくとよいか。それを知るためには、もう私のコンテンツ的には定番ですが……「星を見よ」、です。

まず、インターネット上の無料サイトで、自分のネイタルチャート（出生時のホロスコープ）を調べて、その日、その時間に主要10天体（太陽から冥王星まで）がどの星座にあったのを確認していきます（おすすめのサイト：http://www.m-ac.com/index_j.html）。

西洋占星術の4つのエレメント

火：牡羊座　獅子座　射手座
土：牡牛座　乙女座　山羊座
風：双子座　天秤座　水瓶座
水：蟹座　蠍座　魚座

例えば私のネイタルチャートでは、主要10天体が、太陽：山羊座、月：牡牛座、水星：水瓶座、金星：山羊座、火星：水瓶座、木星：天秤座、土星：天秤座、天王星：蠍座、海王星：射手座、冥王星：天秤座、にあります。

この星座を、左上のリストに従い、西洋占星術における四元素（エレメント）に分けるとこうなります。

yujiの持つエレメント

火：射手座×1 →計1
土：山羊座×2、牡牛座×1 →計3
風：水瓶座×2、天秤座×3 →計5
水：蠍座×1 →計1

前ページで確認したように、私が持っているエレメントは、風：5、土：3、火：1、水：1。**最も数が多いエレメントをメイン、次に多いエレメントをサブとすると**、私は風がメイン、土がサブという「風ー土型」となります。

もし風：3、火：3、水：3、火：1など、最も数が多いエレメントが複数ある人の場合は、「太陽」が入っているところをメインとしてください。もし「太陽」が水に入っているならば、この人の場合は水がメインです。最多のエレメントに「太陽」が入っていない場合には、「月」を、「月」も入っていなければ、「水星」が入っているところをメインとしましょう。サブも同様に考えます。この場合、「月」が火に入っているなら、火がサブなので「水ー火型」となります。

自分の「メインーサブ」がわかったら、下のリストを見てみましょう。**☆の数は、"新時代への適応しやすさ"**を表しています。

4元素の「メインーサブ」リスト

[火]グループ	火ー土型	☆☆☆
	火ー風型	☆☆☆☆
	火ー水型	☆☆
[土]グループ	土ー火型	☆☆
	土ー風型	☆☆☆
	土ー水型	☆
[風]グループ	風ー火型	☆☆☆☆☆
	風ー土型	☆☆☆☆
	風ー水型	☆☆☆
[水]グループ	水ー火型	☆☆
	水ー土型	☆
	水ー風型	☆☆☆

実は、火・土・風・水は、陽性と陰性に分けられます。

火・風は陽性（ドライな性質）で、風の時代に親和性が高く、比較的イージーに適応できます。土・水は陰性（ウェットな性質）のため、この辺りの星を持っていると（私も持っていますが）、次の時代にシフトするにはなんらかの〝思い切り〟が必要な人も多いかもしれません。

上の「メインーサブ」リストの☆の数は、新時代への適応力を表していますが、☆が少ない人もちゃんと戦略があるから大丈夫！　次のページから各タイプを具体的に掘り下げていきます。

陽性

火

火に属する人たちはアスリート・経営者に多いとされているように、〝リーダーシップ・上昇志向〟型の気質を持つ人たちです。そして、これからの時代はその燃え盛る情熱・意志の種火をどんどん時代の風に乗せ、新しいストリームを作っていくことが重要になります。火はアイデア・着想・パワー・元気・活気のシンボル。今のように時代が変わりゆくときには、火の属性の人は持ち前の情熱を燃やし、時代の変化の渦中に我先にと飛び込んでいくことで〝これからの未来を感じさせる新規事業や新しい働き方・肩書〟を作り出したり、また、新時代のヒーローとしてスポットライトを浴びたりもするかもしれません。

風

風・空気が形を持たないものであるように、風の属性の人たちも目に見えないものや時代感に対して高い感度を持っています。それらの感覚を生かして、ものごとを〝アップデート・プロデュース・アレンジする〟ことは、彼らに授けられた才能であり使命。また、情報を集めたり発信する気質を持つのもこの風の属性の特徴なので、インターネット全盛の今、時代を牽引するメインエンジンとして大きくその活躍の場を拡げていくはずです。これまでの慣習にとらわれない自由な生き方をする人たちが多いのもこの人たちの特徴で、ノマドや多拠点生活などは、これからの時代においては風の民たちによってもっと一般化し定着していくこととなるでしょう。

火グループ

**熱血・情熱・
パワーある・元気・活気・
創造・リーダーシップ**

火ー土型

新時代への適応しやすさ ★★★☆☆

火×土の人は初志貫徹の人です。12星座の中で最も気位が高く、貴人意識を生まれ持っていることからノーブレスオブリージュを果たせる人たちだといえます。あくなき成長欲求を持ち、「高い目標を乗り越えるからこそ人生は楽しい」と思っていて、また、その経験が己を作ることを知っています。勇者然とした生き方をする人たちでもあります。この生まれは講師・コーチタイプの典型で、カリスマになれる可能性を秘めています。特にネットでの発信等に自分のパッションをぶつけ、かつエンターテイメント性を出していくと、多くのファンを獲得することもできるはず。強い自己ブランドを確立できる、〝個性強め〟の人たちです。

火ー風型

新時代への適応しやすさ ★★★★☆

火×風の人はひらめき特化型。火という〝連鎖〟しやすいもの、そして風という移動しやすいものの組み合わせなので、もっともハイパーノマド化しやすい・自由に動きやすい・発信しやすい性質を生まれ持っています。風の時代のキーワード、〝旅〟を生活や仕事に組み込みやすく、それがお金を生み出すこともあるでしょう。移動することや発信することで結果的に自らが強力となっていく人たちなので、自分の言葉を持つこと、相性のいいプラットフォームを見極めてそこで情報発信を継続することが重要なキーとなります。半ば自動的に新時代の生き方にシフトしていくので、気づけば〝風の時代の生き方のガイド〟となっているはずです。

火ー水型

新時代への適応しやすさ ★★☆☆☆

火と水の読みを合わせると「か・み」となりますが、実際にスピリチュアル意識に長じているのがこの生まれ。癒やしを司る〝水〟らしく、アロマオイルやリンパトリートメント系の施術、また実際にスピリチュアルなセッションを通じて人の魂・意識・体を癒やしていく人も多いでしょう。ただ、面白いのは火が強いことで、いわゆる〝いかがわしい〟要素が薄いため自身をポップなキャラ化しやすく、大衆にも受け入れられやすいので、なにかのきっかけで一気に人気に火がついたりも。その延長線上でアプリ・TV・ネット番組に出たり、スピリチュアル系ユーチューバー・新時代の癒やしのカリスマとして新境地を開く人もいそうです。

風グループ

知性・クイックネス・移動・旅・情報・拡散・伝聞・テック

風ー火型

新時代への適応しやすさ ★★★★★

次代のメインエレメントである〝風〟と〝火〟が掛け合わされることで、火が風に吹かれて、どこまでもその〝勢力〟を広げていく。そんな〝炎〟として一時代を築く存在になるのがこの人たちです。上昇志向と拡散志向が強く、スピード感も備わっているため、マイクロ法人をたくさん作っていく連続起業家など、新時代の主たるビジネスモデルを作り上げていくことになるのではないでしょうか。時代の追い風を最大限受けるので、何かアイディアが閃いたらすぐに行動に移してみると、想像以上に拡大・発展していく可能性もあります。「時代の寵児」はこの組み合わせに最も多いかもしれません。

風ー土型

新時代への適応しやすさ ★★★★☆

風の時代は本質的なもの・オリジナリティがあるものだけが残っていく時代です。その〝禊の風が吹く〟時代においても風化させることなく未来へ残すものを選んだり、また後世に伝えていく役目を持つのがこの生まれの人たちです。〝本物を見抜く目〟に長じ、本当にいいもの・古典・優れた原石に反応し、それを〝道〟となるレベルまでに極めたりもします。また、収集や保全など、そういう〝一朝一夕〟では到達し得ないものを目指したりもする人たちです。これからの時代において価値を持つもの・また時代が変わっても変わらないもの・叡智等を提示していく、そういう〝真なるものを伝えていく〟ことがこの生まれの人たちの使命なのかと思います。

風ー水型

新時代への適応しやすさ ★★★☆☆

風も水もともに〝形がないもの〟ですが、その二つを分けるものは、風が比較的ロジカルなのに対し、水はロジカルというよりはエモーショナルであり、閃き・インスピレーション型なこと。また、水は別の次元と人の次元を繋ぐ異次元トンネルのようなものでもありますが、そこから得られる情報・感覚を風の得意とするロジックを使って、この世の言葉に翻訳していく人たちがこの生まれなのかもしれません。風とは〝波動・共振・振動・バイブレーション〟を司る要素でもありますが、この生まれはまさにそういった〝今まであまり語られてこなかったところ〟を伝える伝道者となる宿命を持っているといえるでしょう。

陰　性

土

2020年までの200年超の長きにわたり、土の時代の〝主役〟として〝最大の恩恵を受けたグループ〟である土の人たち。その力・権威はまだまだ衰えませんが、今度は今までの実績や豊かな苗床を生かして、〝裏〟で新時代のニューヒーローたちをサポート・応援・ヘルプしていくことになるのかもしれません。また、土の人たちだけが持つ特質に〝本物を見極める目〟というのがあります。これからは情報にしてもなんにしてもたくさんのもの・こと・縁が世に溢れ出てくるかと思いますが、その中で、〝本物といえるもの〟〝未来にその価値を残せるもの〟を見抜くことができるのはやはり、本物ハンターともいえる土の人なのではないでしょうか。

水

人の世界には潤いが必要です。そしてそれをもたらすのが水の属性の人たちです。水は共感・感情の要素を持つといわれていますが、実際に潤滑油のような働きをしていたり、また、浄化・癒やし・感動をもたらすようなアート・セラピー・リラクゼーション等の分野で活躍している人たちが多い印象があります。そして、それはこれからの時代でも変わらぬ特質であり、継続して多くの人たちを治し、癒やし、潤していくのでしょう。ただ、今は明らかに時代の転換期を迎えていることからケアやメンテナンスの需要もことさらに高くなりそう。そのため、この水の属性の人たちの出番もきっと増加の傾向にあると思います。

土グループ

段取り・規律・フォーマット・礼節・豊かさ・伝統・本物志向

土ー火型

新時代への適応しやすさ ★★☆☆☆

土がプラットフォームとなり、火を育てるという性質を持っています。〝英雄やプリンセス・未来のタレントの明かり〟を見つけて、それを育てたり、プロデュースしたり、活躍の場を用意したり……というのがその本領。また、〝ラグジュアリー・本物・贅沢〟といったものとのご縁が強く、真贋を見極めるセンスも備えています（もしくはそういう経験が得られやすい）。

映画『グレイテスト・ショーマン』の座長のように、突飛で才覚のある人たちを集めてオンリーワンの組織を作りあげていく。そういう座長役を務めてこそ風の時代に光る人たちです。

土ー風型

新時代への適応しやすさ ★★★☆☆

土ー風型は土の属性の中では最も風の性質に適応しやすい人たちです。彼らの主戦場はインターネットやIoT（Internet of Things）ビジネス。そのなかでも〝ライセンス・利権・会員費〟が彼らの風の時代の主電源ともいえるものです。撮りためた写真や動画をストックフォト等にあげたり、アフィリエイトや広告収入のあるブログや情報サイトを運営したりなど、〝労働力を必ずしも伴わない〟形で永続的に入ってくるインカムを持つ人が多いかもしれません。また相続案件、事業再生等のコンサルティングや、不動産のリノベーション事業にもご縁が。復活の風と光をばらまきつつ、各地、世界を飛び回ることもありそうです。

土ー水型

新時代への適応しやすさ ★☆☆☆☆

最も新時代への対応がタフな組み合わせかと思われます。土も水も陰性でウェット、しかし時代の主人格たる風は陽性でドライなので、かみ合うところが少ないのです。ただ、〝救い〟や〝やり方〟は必ずあるもの。この生まれは土の保守・保護の特質と水の許し・浄化を生かすのが最良の策。風の時代は「精神性やスピリチュアリティ」が有力勢力です。そのためヒーリングや精神的な支え、ケアを求める人が今より増えることが予見されます。水はホスピタリティを暗示するエレメントなので、風の時代の仲間たちが安心して帰ってこられる場所――宿・スポット・コワーキングスペースなどを手がけるのもよさそう。

水グループ

感情・感性・癒やし・
潤い・融和・
融合・仲間・受容

水ー火型

新時代への適応しやすさ ★★☆☆☆

水×火の人は水の持つふわふわした個性と火の要素である英雄の要素を絡めていくことで、他の人が持ち得ない際立つ個性を武器に世渡りをしていけるのが特徴です。新時代の希少種ともいえる独特な空気感や個性で勝負ができるため、芸能の世界でまたたく間に有名になる人もいそうです。また、この生まれは「情熱のままに国境や世間の常識を超えていくことも厭わない」ので、海外に早々に出て行って成功し「先駆者」となるとか、誰もやっていないことに挑戦したりするので、気づけば、「業界の異端児」といわれていたり。とてもオリジナルな、誰にも真似できない生き方・成功をしていく人です。

水ー土型

新時代への適応しやすさ ★☆☆☆☆

水と大地。その二つが絡まったところには〝湖・沼〟ができます。湖・沼等には固有の生態系が観察されるように、水・土を持つ人たちはディープな味の世界を持っていたり、アングラ・マイノリティカルチャーが大好きだったり、何らかの分野で専門家的な知識を持つ人が多いようです。そうした〝こだわり・世界観〟を生かしてオンラインサロンやクローズドのコミュニティを作り、その管理人や創始者となる可能性があるのがこの生まれの人たちでしょう。砂漠を行くキャラバンにとってのオアシスのような癒やしと潤いを風の時代の旅人に届ける存在、それがこの時代におけるこの水・大地の人たちのあり方なのかもしれません。

水ー風型

新時代への適応しやすさ ★★★☆☆

水×風は無形のコンビネーションです。形を持たないがゆえに、どんな形にもなれるのが特徴です。例えば演者さんは〝どんな役にでもならないといけない〟ので、ある意味〝個性的であるが無色透明でもある〟必要があり、そういう意味では〝形を持たない〟この生まれは、最もパフォーマー向きといえるでしょう。また、スピリチュアルな分野に開眼し、精神論ファーストな生き方を選ぶ人、自然回帰的なプリミティブな生き方にシフトする人も出てくるかもしれません。この生まれはインスピレーションに優れるので、創作活動に活路を見出すなど、芸術家・作家的な生き方を目指す人もいそうです。

Chapter

4

✦

風の時代の生き方

時代の空気が変われば、必然的に私たちの
リアルな暮らしも変わっていきます。
働く上での優先順位も、
得たお金をどう使うかも、
またお金そのものへの考え方も、
今までとは違ったものになるでしょう。
属するコミュニティ、それに伴う人間関係、
もちろん恋愛や結婚のあり方も、
大きく変化していくはずです。

これからの 人間関係

リアル→リアル＆デジタル

人間関係。

人生できっと誰もが一度や二度は悩んだことがあるところかと思います。

友人関係で、職場で、ご近所さんたちと、行きつけのお店で、義理の両親たちと、いとこと等々、数え上げればきりがないですが、人間が人里で人として生存していく以上、山の中で仙人ライクに過ごしたりしないかぎりは人はやはり人の世を生き、人を頼ったり、迷惑を掛け合ったり、時に助け合ったりしながら、里での学びを積み重ねて人生を歩んでいくものです。

いろいろな人生の泣き笑いの多くがもたらされる源となるもの、それが人間同士のふれあいですが、〝風の時代〟が本格的にスタートすれば、その〝関係性〟や〝あり方〟に変化は見られたりするのでしょうか。

いろいろ考察を重ねてみましたが、これからの風の時代においては、やはり人間関係のあり方も大きく変わっていくように思います。

今までの人間関係、**土の時代の終わりまでの人付き合いは〝場所と血縁〟に由来するもの**でした。例えばわかりやすいところでいうと、会社という場所、住んでいる自治体、地域、地区という場所、血縁関係、戸籍上などの〝繋がり〟。

それら全ては、生まれや育ちに関係するものや自分がフィジカル（物理的・肉体的）に絡みがある人たちとの関係のみに根ざしたものだったように思います。

つまり、土の時代にはリアルな繋がりのみを土台にした人付き合いがあり、それらは往往にして蔦のようにまたは石垣のように複雑に絡み合っていることが多く、コミュニティの中で自由気ままに振る舞うことはできませんでした。なんなら年長者の〝圧政・圧迫〟に耐えたりして、その枠の中をどこか窮屈そうに過ごしてきたなんていう人も多いかもしれません。どこかでなんらかの足枷や蓋のようなものがはまったように感じながら日々を過ごしていた。それが今までの時代における我々の姿ではないでしょうか。

いわば、安定＞自由の世で、自由を優先したい人はどうしてもいいポジションや役をもらえないようなこともあったのかもしれません。

そして、これからの**風の時代の最大の特徴は、〝リアルな繋がり〟に、〝デジタルな繋がり〟がアドオンされたもの**であるということです。

今までは場所・血縁という〝リアル〟な繋がりや縛りの中にいる人たちでコミュニティを形成していたものが、今はSNS、ブログ、オンラインサロン等々を使うことによって、いくらでも〝自分にとって居心地のいい場所〟を見つけることができるようになりました。いわば、先の例を使うのであれば、安定∧自由とすらいえるものです。

フィジカルでは遠く離れていても、なんなら地球の裏側に位置していても、連絡・コメントのやりとりができて、最近であれば、テレビ電話やネット通話（しかも無料）で顔を見ながら話すことができたりもして、数千マイルの距離をテクノロジーの介入によって〝まるで存在しないもの〟のようにしてしまう、なんともとんでもない時代です。

また、デジタルな回線を手にしたということは、ある意味では〝自分の世界観や主義主張をいつでもだれでもどこでも、ネットさえあれば、オープンにすることができるようになった〟ということでもあります。

歌自慢の人はデモテープを送らなくてもいいし、文章で勝負したい人は必ずしも文学賞に応募しなくてもいい。はたまた、ゲームの相手に友達を家に呼ばなくってもいい。

それらはもはやすべてインターネットが解決してくれます。

歌は動画サイトにアップロードすれば世界中の人が聴いてくれるし、文章はnoteやブログなどいくらでも〝披露の場〟があり、ゲームはもはやオンラインで対戦相手を探すほうが主流です。

それぞれたくさん視聴・購読されたりすれば日々の糧以上のものを得ることも可能ですし、ゲームに至ってはもうだいぶ前からプロゲーマーも存在していますし、なんなら動画サイトの高視聴コンテンツは〝ゲームのプレイ動画をただ流しているもの〟だったりもします。

自分の居場所を見つけることができる時代

さて、話を戻しますが、これからは〝生まれた場所・会社組織・血縁〟等に縛られるのではなく、**心地いい場所を〝意識的〟に見つける**ことができる時代です。

ただし、〝それを本気で望むなら〟という大前提がつきますが。

生まれた場所・育った場所・進学等で選んだ環境・結婚して暮らし始めた場所が〝居心地がいい場所〟である人は恵まれています。ただ、環境の変化によって、または自分の内面の変化によって、〝居心地が変わってくる〟こともあろうかと思います。

人間も生き物ですから、内面も外見も変化していくもの。

人が社会を生きていくと、子供のこと、パートナーのこと等で環境を変えざるをえなくなったりもするでしょう。

ただ、今までのリアル一辺倒の時代には〝土地〟〝場所〟の制約というものがあり、それが自分に合う居場所を見つける上でのネックになっていました。

でもこれからは違います。

リアルなものに加えて、デジタルで繋がれる社会があります。

そして、なんなら〝リアルな繋がり〟の負荷を最大限に減らして、デジタル社会のなかで愛・仕事・人との繋がり等を求めることもできるのです。


インターネットを使えば仕事も可能ですし、なんなら一歩も家の外に出ずとも（不健康かとは思いますが）、宅配・デリバリーフード等で〝買い物〟も〝食事〟もできますし、すべてまかなうことができてしまう！　そうなれば、果たして〝ドアの外の世界〟に求めるものは、「駅近！　徒歩数分！」なる世界観でしょうか。「スーパー・コンビニが近くにあること」でしょうか。

今後、人が住まい・住環境に求めるものも風の時代の到来に連動して変化してくるはずです。

そして、最近ローンチされているサービス・アプリ等のなかには、定額制で全国多拠点生活を可能とするものもありますし、コワーキングスペース・スポット、ソーシャルアパートメント、シェアオフィスにシェアハウス、マンスリー・ウィークリーの住まい等々、検索すればいくらでも〝暮らし方を多様化するヒント〟が得られます。

ネット・情報、そして多少の勇気があれば、〝閉塞的〟だった、場所固定型になりがちだった土の時代の最大のレガシーともいえる**〝定住〟と決別することも可能**です。

〝枠の中での生活〟からの解放すら自らの手で行うことができてしまう。

なんともすごい時代の変化です。

ネット社会だからこそできるニュータイプな生き方

そういったインフラの充実・サービスの整備から予想されるのは、スナフキン的な生活様式、ノマドワーカー・無拠点生活者が増えていく未来が近くやってくるということ。

〝風〟という移動を伴いがちな特性からもそういった〝定型〟を持たない暮らしが増えることは容易に想像できますが、そうなってくると当然ですが**付き合う人たちも〝固定化〟しない**とか流動的になっていく可能性があります。

「リアルには年に1回しか会わないけれどネットで動向は知っているので、あまり久しぶりな感じはしない」などということは、SNSを使っている人たちは一度や二度は感じたことがあると思いますが、まさにああいった感じでサイバー空間上の繋がりがリアルの繋がりを補塡したり、同じぐらいの重要度を持つものとして認識されているので、〝ネットはサブ的なポジション〟という概念はこれからますます希薄になっていくでしょう。もうすでにそのような人は生まれていますが、ネットの世界では超有名人だが、ハンドルネームを名乗り自分自身の写真でない画像をアイコンに使っているので、リアルな世界では何食わぬ顔で普通の人として変装もせずに過ごしている。アバター的な擬似人格をネットの世界に持ち、サイバー空間上とリアルな世界のアイデンティティを完璧に分けることは〝ネット社会〟だからこそできること。

これからはそういったデュアルな生き方・働き方をする人もきっと増えていくに違いありません。

そして、風の時代も中盤に差し掛かる頃（つまりあと100年後くらい）、その時代に生きる人たちは感度の高いニュータイプ的な人が大半で、その頃の人類のアンテナがもっと進化したとするなら、もはや、「社会的なポジション・属性やソーシャルクレジット（フォロワー数・PV数・著名かどうか等)」のようなものに頼ったり参照せずとも、**バイブスの共振があるかないかが感覚値でわかる**ようになっているはずです。

今までの時代における〝未来図〟とは、人はもっと外部デバイスを使いこなすとか、モバイル機器はもっと小さくなっていくなどというふうに描かれていたかと思いますが、私が思う未来予想図とは、これからの人類は**人が本来持つ〝センシング(感知)機能〟を取り戻していく**ことにあると思っています。

人が本質的に生きたなら、外の世界にあるハリボテ・虚飾に頼らない、もっとイージーなコミュニケーションが可能になっていくように思えます。ただ、そこにたどり着くにはおそらくまだまだ時間がかかるでしょうが、そう遠くない未来にはきっとそのような世界が広がっていくような気がしています。

これからの恋愛・結婚

型を捨て、それぞれが各々の愛を生きる

2019年までのデータによると、どうやら近年では結婚はしても挙式・披露宴はしないというカップルは以前より増加傾向にあることがわかります。

また、僧侶・神職の友人からは最近では檀家システムや氏子システムが以前ほど機能しなくなり、それだけではお寺や神社の機能、また物理的な寺社のメンテナンスにかけるコスト等が捻出できなくなり、存続の危機であるということも聞きました。

お葬式、結婚式といった〝冠婚葬祭〟に含まれる二大儀式に止まらず、最近では小学校ではかけっこ等をそもそもしないか、しても順位をつけないといったところもあると聞きます。

それがいい・悪いという話ではもちろんありませんが、そういったものの減少に象徴されるように、定例的なもの・風習として残っているもの、地域行事といった〝雛形〟や、かつては日本にもあった、ハレの日・ケの日といった意識も薄れ、風化してきているのかもしれません。そういう意味では、過去の慣習に縛られることなく、いろいろなことがフレ

キシブルになってきているような気もしますがいかがでしょうか。

例えば、就職等も少し前までは履歴書にリクルートスーツないしそれに準じた堅めの服装が定番でした。ですが、今ではSNSでエントリーしてDMで担当者とやりとりして、Zoomで面接をして決まるなんていうこともありますし、最近では名刺を持たない人も増えて、その場でLINEやSNSで繋がることもあると聞きます。

「シームレス」とは最近よく聞く言葉ではありますが、まさに〝いろいろなもの〟の間にあった〝格差〟〝段のようなもの〟がフラット化されていっているのがこの〝プレ風の時代〟。自分の周囲でも社会でも世界でも、どんどんバリアフリー化が進んできているように感じられます。

そのバリアフリー化はワークスタイルやインフラにとどまらず、恋愛シーン等でも多く見られる変化です。例えば、ここ数年目覚ましく浸透してきている**マッチングアプリ**。

この新メソッドの登場により、効率の悪い合コンや誰かの紹介、堅苦しいお見合いといった〝旧時代の出会い方〟が減少し、もっと広い分母から、しかも効率よく、自由に選んでいけるスタイルが拡大！　特にリモートワークになる前後から、急速に認知されつつあるような気がします。ロマンティシズムとかドラマティックな展開といったものを望まなければ、といった前提がつきますが、実はこれほどパートナー探しにおいて〝合理的〟で〝スピーディ〟なものはありません。

多忙な現代人、そしてこれからの時代を生きる知性派な風の民には、むしろ今までのやり方が〝非生産的〟で、マッチングアプリのような〝ロジカル〟な付き合い方・結婚の仕方がデファクトスタンダードになっていくのかもしれません。

恋愛結婚至上主義の普及は実はバブル時代から⁉

いわゆるトレンディドラマを見て育った世代や恋愛作品等が好きな人たちからすると、このマッチングアプリなる手法はなにやら〝無味乾燥〟な感じがするかもしれませんが、実は歴史を振り返ると、自由恋愛が〝結婚市場〟のメインストリームだったのは高度経済成長期の1965年頃から現在までの話。

国勢調査が始まった1920年からのデータを見ても、1940〜1944年の調査ではお見合い結婚は総結婚人口の70％（対して恋愛結婚は15％）。2005〜2009年の調査ではそれが逆転し、恋愛結婚は90%、お見合い結婚は5%程度となっていますが、歴史を紐解いていくと**今までの現象（恋愛結婚至上主義）は〝それ以前の決め事に対するレヴォリューションであり、なんらかの反転現象〟だった**のかもしれません。

当然、1920〜2020年現在までの間には大戦やいろいろな出来事を挟むので、国力が大いに減退、人口も減少したときもありましたから、国策として結婚を推したということもあったかと思います。

実際に明治民法はかつての武家のように家父長制・家制度を導入したもので、夫婦でも別財・別姓だった江戸末期・明治の夫婦たちのあり方が作り変えられ、社会の中での女性像も作り変えられていきました。結果、女性・妻からいろいろな権利・自由が奪われましたが、逆説的に女性にとって**〝結婚すること〟〝嫁ぐこと〟が安定を得るための型**として社会に定着していったのです。

これはもちろん明治・大正の話ですが、今までの時代（昭和・平成）の結婚観にもどこかその残り香ともいえるものが散見されたように思いますが、いかがでしょうか。

恋はエンタメ・結婚は契約

ただ、これからは時代の主軸はまた〝振り子のごとく〟動きます。

今度はまたかつての時代のように、そして前述の通り、アプリの台頭に予見されるように、〝お見合い&出会い〟の方法や意識の変化により、〝結婚と恋愛は別物〟感が増していくような気がします。マッチングアプリの登場はもちろんこの意識の変化を推進したものであり、その意義は大きいとは思いますが、アプリやツールの登場は〝とはいっても〟やはり、ただのトリガーに過ぎないといえるでしょう。

星の世界では実は〝結婚〟と〝恋愛〟は別物として考えられています。

その形態を考えてみるとわかりやすいかと思いますが、結婚は〝契約〟でなんなら家同士にも関係があるもの。それに対して〝恋愛〟ははまるものであり、心揺さぶられるものであり、気分を高揚させてくれたりするものであり、言ってみれば一種のエンタメのようなものです（某E國氏の作品中のフレーズを拝借すると〝恋はするものではなく落ちるもの〟でしょうか）。

そして、12星座中で〝最も人情に揺さぶられない〟〝最もドライ&クール〟なアクエリアス（水瓶座）。その水瓶座エネルギーが流れてくる2020年以降、アクエリアン的な〝個性と知性の時代〟ともいえる風の時代は、しっかりと恋愛と結婚にまつわる心・精神の動きを各々が理解し、きちんとその二つを分けて捉えることができるようになっていく、〝結婚・恋愛観の分離〟の時代なのではないかと思います（もちろん恋愛が結婚に繋がるのは喜ばしいことなのですが、その二つの相性・条件を満たすカップルはそうは多くないのが現実です）。

つまり、結婚というシビアな契約に関してはそれ用のメソッドを使い（メソッド＝アプリというわけではなく、これからの時代にはそれ以外の手法もまた現れるでしょう）、そしてしかるべきプロセスを経て、結婚に繋げていく。

ドライとも言えますが、風の時代は〝ドライ・陽〟のエネルギーが世を束ねる時代ですのでそれも致し方ありません。

徐々に風に馴染んでくれば、それもきっと普通のことになり、今の時代の普通は〝過去のもの〟として認知されるようになるでしょう。

また、**多様性を認めることが時代の主軸**になる時代ですので、既婚者優位とか、独身者は何らかの問題ありといった思想も減退、むしろそうした思想は〝差別〟意識に繋がる可能性もあります。

結婚する自由、結婚しない自由、また、恋愛至上主義者で結婚という契約はしない自由等も社会的に認められていくことになると思います。

婚姻関係のあるなしが〝人としての優劣〟、また結婚関係が長続きすることが〝良〟で、短く終わることが〝劣〟という認識もなくなるでしょうし、また、今でも既にありますが、遠距離結婚、国際結婚、契約結婚等々、〝結婚したら一緒に一つ屋根の下で暮らすもの〟的な概念は消失し、結婚のあり方そのものの多様性が認められていく時代となっていくのではないでしょうか。

また、最近ではポリアモリーという概念も世間に広がったり（賛同する／しないは別にして）、いろいろな恋愛の形が世に認知され、広がってきているように思います。

ＬＧＢＴＱも渋谷区・世田谷区を皮切りに、各地の自治体がパートナーシップの証明書を発行しているように、社会から認知されることも増えて、おおっぴらに語られる場所・ことも以前に比べて増えてきたのではないでしょうか。

https://anone.me/

こちらのサイトにもあるように、ＬＧＢＴＱのみならず、世界にはじつに多様なセクシャリティが存在しています。

「実は〝触られる〟のが嫌い」「一人とは付き合えない」「結婚とか枠に縛られるのが耐えられない」等々。

こうして考えると、知性のオーバードライブがかかるスマートな風の時代には、人は〝土の時代〟の性愛論・結婚観・恋愛依存癖（人にもよる）から抜け出して、**型にはまらない自由な形で、恋や愛を楽しんでいく**と思われます。いや、もしかするとそこにあるのは恋とか愛といった概念ゲームですら、もはやなくなっていくのかもしれません。

恋も原点回帰していく時代

恋や愛なんていう〝綺麗な言葉〟で隠されていることも多いように思いますが、その根底には実は〝褒められたい〟とか、〝認められたい〟とか、〝手をつないでほしい〟とか、〝自己愛を満たしたい〟とか、〝綺麗なものをずっと見つめていたい〟といった、ものすごくプリミティブな欲求も少なからずあるはずです。

そういった動物的なもしくは精神的な欲求や心の動きを正確にモニタリングして、〝恋〟とか〝好き〟といった十把一からげにする言葉ではなくて、ピンポイントに自分の心が求めるものや表現したいもの、受け取りたいものを伝えたり、それに合うパートナーを探していく。

もちろんそれには〝今の概念〟から脱する必要があるのですが、風の民にはきっと容易なことのはず。

実際、風の時代が全盛になる2023年頃からは、アクエリアス意識が全力で高まることになり、**それぞれが各々の結婚観・恋愛観・セクシャリティを生きる時代**になっていくと思われます。

自分にとってのベスト案、ベター案はなんなのか。

恋愛や結婚すら、〝今までの枠〟に収まる、枠にはまっていく動きではなくて、あくまで**自分ファースト**。自分の恋愛観、セクシャリティを各々が楽しみ、生きていく。風の時代とは恋や愛においても〝**脱・雛形**〟となっていくのです。

また、今私たちが感じている恋や愛なるもの。それすらも実は〝土の時代が作り出した型〟であると認識できた人たちから、「風の時代の恋愛アラモード」を楽しめるようになっていくのかもしれません。

これからの 仕事

好きなこと、やりがいのあること

ひと昔前ぐらいに、ネット上やビジネス書とか、いろいろなところでよく見かけた「仕事を決める上での優先順位・事項」なるもの。

勤務場所、賃金等の条件、やりがい、人（人間関係）、働き方（週末休みかどうか、休みの取りやすさ等）、キャリアアップ（成長）できるか、社会貢献度とか、いろいろなパラメータがあるけれど、それらはここ数年でガラリと様変わりしていくことでしょう。


まず、場所。

これはテレワークや月1回の出社でよい等になっていくと、多くの人が**メインオフィスの場所にはこだわらなくなる**だろうし、人はこれからの水瓶座時代にはフィジカルな制約からは早晩解放されていくはずなので、場所という非常に土の時代的なものが〝プライオリティの上位にくること〟は減っていくように思われます。

そして、人について。

これは意外と重要度が上がってくる可能性が高いのではと思います。なぜなら、これからの時代は〝だれとやるかがより重みを帯びる〟時代であり、風の時代とは「繋がりファースト」な時代であることを考えると**「何を」よりも「だれと」のほうが重要**になりそうな気配すら感じています。

オンラインサロン等でもその片鱗はもうすでに見えてきていますが、「だれがやっているか、だれが主宰か、だれとつながっているか」というのがすごく重要で、それがその人となりとか、思想体系を表すものとなり得るのがこの時代の面白いところです。

〝人との繋がりがもたらすもの・こと〟や〝そこから派生したもの・こと〟は、これからの世では「その力・威」をどんどん増していき、まるで波紋が水面に広がっていくように、各々が影響力を広げていく、そんな世界はこれからももっと加速度的に広まっていくように思います。

インフルエンサーなる言葉がここ数年で市民権を得たように、**芸能人でもタレントでもない一般人が〝ヒーロー〟になれる時代**。それが私たちが生きている今という時代の実態です。当然その理論に則ると、カリスマ的な社長やパーソナリティ高めの社員・リーダーがいる企業は人を集める際に有利だろうし、そういう人たちは自分のブランディングを通して会社の価値を高めることに相対的に成功しているともいえるでしょう。

そして、労働条件。

これはもう言わずもがなですが、いわゆる**〝ブラック化している〟ところはどんどん摘発・調整・指摘が入り**、どんどん〝浄化されていく〟こととなります。それは風の時代のトップバッターである、水瓶座の波動が〝禊《みそぎ》〟をもたらすものであり、革命を促す波長を持つからです。

グレー・ブラックな組織はどんどんその数を減らしていき、世界はクリーンで博愛主義的なものになっていくのですが、その〝清掃〟が行われている間はしばらくは世界は若干荒れるかもしれません。トゲは刺さる時も抜くときも痛いもの。それもある意味致し方ないことなのかもしれません。そして、浄化後は倫理観が世界的に正されていくこととなるので、労働条件や制度はだいぶ変わっていき、労働者ファーストなものへとシフトしていくように思います。

どの企業の福利厚生や条件もすばらしい！　とはすぐにはいかないでしょうが、これからはオリジナリティが重要となる時代になるので、正社員なのに週休4日を提示する会社が出てくるとか、夏休みを1ヵ月保証する企業が出るとか、夏は1ヵ月会社の保有する沖縄の別邸?でみんなで合宿とか、変わった条件・福利厚生を持つ企業がどんどん増えるような気もしています。

ただ、一点だけ落とし穴があるとすると、これからはＡＩ化・ロボット化が進んでいくことも考えられるので、〝会社が社員をどれだけ残すか〟といったところは要観測ポイントといえるでしょう。

社会貢献度ややりがいについて。

ＳＤＧｓ的なマインドや昨今の〝意識高い〟流れを鑑みると、この〝社会貢献〟なるパラメーターはどうしても今後は上位にランクインしてくるような気がします。

「とりあえず自分の給料や条件がよければいい」といったものから、「自分の働きが社会にどういう影響を与え、どういうふうに貢献できるのか」へと基本思想が大胆にシフト。

特に今の若い世代、就活をするような世代においてはこの考えや思想はもうだいぶ〝当たり前〟のものになってきているのではないでしょうか。

今の時代の流れや〝意識高い〟人たちがこの世に増えてきているのを見ていると、**〝貢献度〟や〝社会の一員としてなにができるのか〟を仕事の選択の最重要項目とする**人たちがどんどん増えてもおかしくはないように思いますし、また企業としてもそういったところを今後は打ち出さざるを得ず、結果として、社会の意識レベルが更に上昇していき、〝意識高いスパイラル〟が生まれていくのではないでしょうか。

働き方の分岐点・2020年

2020年という年はいろいろな意味・分野・業界において、大きな分岐点だと思いますが、それはワークスタイルといった点でも同じ。これから仕事に求めるもの、いや、働くということにまつわる意識や概念体系は、大きく変わってくることとなりそうです。

何度も述べているので恐縮ですが、〝個性を打ち出す〟ことを促す流れがこれからもしばらくは続くこと、そして、企業も副業を解禁したりしていることからも、**個人事業主・フリーランス・起業家が増えていく**ことは容易に想像ができます。

もちろんSNS／ブログ／ユーチューブ等をつかった集客・営業・仕事をする人たちも増えるでしょうし、それに伴い、今までは個＜集だったものが、どんどん逆転し、個＞集になっていくこととなりそうです。

ただ、これら変化は若き者・力ある者・ポテンシャルが高い人・個性で勝負がしたい人・

趣味で食べていきたい人たちには大いに歓迎されるべきもので、彼らにとっては〝可能性の扉が開く〟時代となるのではないでしょうか。

なんなら、トップユーチューバーがゲームのプレイを流しているだけのように、もしかすると、働くという概念が消えて、好きなことをやっているだけで、勝手にお金とか諸々が入ってくるということになるような気がしなくもありません。

好きなこと特化型で世に貢献し（好きこそ物の上手なれ！　なので当然クオリティも伴うはず）、さらに経済にも貢献できる。そして、その高いクオリティのものたちが世に溢れるので、ユーザーからしても〝歓迎すべき〟世界だといえそうです。

土の時代の囲い込みから逃れようとする〝若き才能たち〟。

そしてそれを止めようとする古き権威たち。

その対立・葛藤・歪みが露見することはここ数年は続くかと思いますが、時代の流れは明らかに前者寄りのものなので、どうしたら前者と蜜月になれるか・うまくやっていけるかを考えると後者に属する方たちも上手にこれからの時代も活躍したり、生き残っていけるように思います。

いずれにしても、芸能の世界もいろいろなビジネスの世界もこれからは**囲い込んだり、**

縛りを作るとマーケットが〝アレルギー〟を起こす時代になるような気がしています。

水瓶座の時代の、特に2020年末〜2022年末頃まではそれが顕著に現れ、対立が起こっていく暗示があります。水瓶座は博愛精神を持つ星座とされますが、その反面〝オリジナリティ〟を阻害されることに対しては強く反発する個性を持つ星座でもあるのです。

その性質が強く出るのがこの2022年末までの流れなので、どうしても〝各々がそれぞれの個性〟を打ち出していくこととなり、奇想天外なアイデアを持つ人たち、先見の明がある人たち、際立ってキャラクターの強い人たち、そういった人たちがまずは〝既存の枠〟の中から飛び出ていくのではないでしょうか。そうして、彼らが開けた穴から人々は次々に外の世界に出ていき、それぞれの自治権を確保し、自らの王国を築いていくこととなるはずです。

お互いに国交・交流を持ち、横で繋がっていく。そこは**権力者が強権を振るうことも、壁もないシームレスな世界**。風通しがよいことが重要とされる、なんとも〝自由な世界〟であるように思います。

これからの〈お金〉

GETする≠買う

2020年現在、何かを得ようとする場合、〝買う〟という行為を経由することが多いように思います。服を買う。車を買う。時計を買う。食料を買う。

それほど〝買う〟という行為はありふれた行為ですが、ここで一つ例をあげます。

もし「フェラーリが欲しい」としたらどうするでしょうか？

お金で買ってもいいし、知り合いから車両をもらってもいいのですが、きっと多くの方は〝買う〟という手段を選ぶと思います（仮に購入できるだけのキャッシュがあると仮定して！）。

ここで伝えたいことは〝どうやって風の時代らしくフェラーリを手に入れるか〟ということではなくて、実は風の時代においては〝お金では買えないものも増えていく可能性がある〟ということなのです。

いくら唸るほどお金があったとしても〝買えないもの〟というのは実はこの世にはたくさん存在しています。永遠の命とか若さ！　なんていう映画に出てきそうな話ではなく、前述のフェラーリで話の続きを進めると、ヴィンテージのフェラーリで状態のいいものは、オークションに出ます。そうなるとまずオークションに参加する権利を手に入れる必要があり、通常はその権利自体が〝非買品〟ともいえるもの。この時点で〝その権利を持たない人はお金があっても買えない〟のです。

もっとわかりやすい例を挙げるとするならば、日々私たちが使っているクレジットカード。あれも特定のグレード以上のものになると〝インヴィテーション制〟となり、先方から認められない限り、年会費を倍額払うと言ってもおそらく会員資格は得られないでしょう。

つまり、風の時代はそのキーワード（繋がり・IT・知性・情報）が示す通り、**特定の繋がりやメンバーシップ等がないと買えないものも出てくる**時代になっていくということです。

また、風の時代は〝知識・知恵・情報〟の時代であることから、情報商材やメンバーシップ、有力・優良なコミュニティに入る権利、会員権等に高い値がつき得る時代であろうことは容易に想像ができるかと思います。

人はいつの時代もレアなもの・希少価値があるものに惹かれてしまいます。

これはおそらく時代が変わろうが、決して変わることのない、人の本性ともいうべきものでしょう。

それゆえこれからは〝豪邸をもつこと〟は流行らない可能性もありますが、〝○○さんの豪邸を譲り受ける権利〟や〝○○さんの豪邸で1週間セミナーを受ける機会〟というものは大流行りするかもしれません。

そういった流れを見ていくと、今後は〝参加資格が厳しいもの〟〝参加したいけど（メンバー制などで）参加できないセミナー〟等が増えていくようにも思われますが、基本的にはこれからの時代を生きる人々は〝類は友を呼ぶ〟的に、狭く親密なコミュニティでの活動と、広くフラットに接する外の世界との二つを行き来するようになるので、逆説的に今の世の検索エンジンに引っかからない〝事柄〟〝秘蔵情報〟が爆発的に増えてくるかもしれません。

お金で買えないものが価値を持つ時代

土の時代においての豊かさは、広さや高さというもので担保されていました。

より広いものがいい、より高いものがいい、それが基本的な概念であり指標です。

そして、これからの風の時代には、ある意味ではそれとは真逆の成長戦略をとっていくこととなります。それは〝密度を最優先〟するために、可能なところはシュリンクしていくというもの。

これはどういうことなのか。

これからの風の時代が「エッセンシャル・本質」が重要になる時代であるということはすでに述べた通りですが、それはすなわち、繋がるべきところと繋がり、そうでないところはカットしていく時代になるということを示しています。占星術における風の時代の「風」とは〝クール〟という区分に振り分けられる要素ですが、実際に風の時代の基本アティテュードはクール&心地ファーストなもの。一時期〝お客様は神様です〟などという名（迷）フレーズが世に溢れたことがありますが、これからの時代は「お客様とはメイトであり友であり飲み仲間である」というふうになっていくかもしれません。

今までは某区の某エリアに戸建てでも構えようものなら自動的に富裕層扱いとか資産家というラベルを貼られたこともあったでしょう。でもこれからはどこに住むかよりも、もしかすると○○さんのサロンメンバーとか、○○さんのパーティに参加できること等がより〝価値があるもの〟となり、一般レベルでもそれが広がっていくことになるかもしれません。

実際に今現在でもアイドルのコンサートチケットは〝ファンクラブの会員〟にならないと買えないものですし（なっても買えなかったりもする！）、〝有益〟なものを得るにはそもそもその権利が得られる状態にしておくということは基本中の基本。これからの世ではそういった**〝情報を受け取れる自分・情報が巡ってくるポジション〟を持つ**こともきっと重要になってくると思われます。

ここからは余談ですが、今でも、投稿することが条件ではありますが〝フォロワー数次第で宿泊費がただになる旅館〟もあるように、これからは**お金以外のもので〝取引・商談〟が増える**ことも予想されるので、相対的にお金の価値は減っていくかもしれません。「お金持ちよりも〇〇持ちのほうが価値・希少性が高い」とか、お金以外のソーシャルキャピタルのほうがありがたがられたりするかもしれません。

そう考えていくと、これからは〝何かを得る〟ためには必ずしも銀行口座を経由させる必要はなくなっていくかもしれず、風の時代が進んでいくとお金に替わるデジタルクレジットやトークン的なものが全盛となる。そんな未来も考えられるでしょう。

そうなれば、あと数十年後の世界では、「**お金で払ってもいいですか？**」などという言葉が人々の口から出るようになる……のかもしれません。

これからの消費

Iのみならず、WEを満たす!

風の時代において、もはや人類は「物を所有する・購買すること」単体には興味を持たないかもしれません(爆買い等はストレス解消にはなるかもしれないけれど)。

自分のお金とかエネルギーがどのように社会をよくするのか、社会貢献に繋がるのかといったマインドがその分高まるので、エネルギーの代替品であるお金というものをどのように使うのか、どのように稼ぐのか、また、何を買っていくのかというところに興味・関心が集まりそうです。

それは富裕層がクルーザーや別荘を買ったりしていても、そのうちにそういう消費活動に飽きて、〝プロボノ活動〟や〝慈善事業〟に乗り出すのに似ているようにも思いますが、これからの時代では、ただの個人消費ではなくて、〝販売者との関係を保つ〟とか、〝ストーリーを共有する〟ためのツールとしてお金を使うことがトレンドになっていくのではないでしょうか。

そして**お金を使うこと自体に「ストーリー」を求めたり、意義・意味を求めてくる**のが風の時代の特徴でもあるので、ただの消費・浪費はもはや過去の時代のものとなり、クラウドファンディングや災害時の募金等、〝生きたお金〟を使うこと、〝積極的にだれかの役に立つこと〟などの陰徳を積むようなお金の使い方が〝in〟な使い方といった意識が広がるでしょう。また、そういったことに興味を持つ人も過去の時代に比べて急速に増えていくような気配を感じます。

〝You are what you buy〟とも言うように、消費活動にはselfが投影されるものです。

少し格好いい言い方をするとインテリジェントな消費活動というか、スマートな経済活動というものですが、〝どのように、何を、だれから、買うのか〟〝どのように使うのか〟、それらはこれからの時代においては新たなスタンダードになっていくようにも感じています。

また、これからは〝蓄積〟の時代ではなくなるので、今後は**軽やかに稼ぎ、軽やかに使っていく**時代になっていくのでしょう。今の土の時代には〝溢れかえるほどの財テク本〟が存在しているように、風の時代にはどのように回していくか、どのように積極的に使っていくか、何に使うのが格好いいのか！　といった指南書やコンテンツ、ネットメディアが出てくることも容易に想像ができます。

今、書店やコンビニに行けば、お得なクレジットカード特集とか、NISA特集とか、節税マニュアルとか、株主優待でお得な銘柄リストとか、保険の基本的な本・ガイドはいくらでも見つけられます。「貯めたり、残したり、うまく利益を得たり」が土の時代のリテラシーだとすると、風の時代には「どのように財を巡らせる・回すとクールなのか」、はたまた、「どのように富とか豊かさとか知恵とかをシェアしていくのがベストなのか」を指南・アドバイスしてくれる本・セミナー・サロン等が増えていくように思います。


風の時代の申し子的な（正確にはアクエリアン的な）always ソーシャルグッドな視点を持つ人たちが増えれば、買うことで自動的に寄付が行われる商品・サービスとか、サブスクリプション形式のもので、購読すると自動的になんらかの企業とか団体を応援するようなサービスが生まれたりもするかもしれません。

土の時代にはいろいろな利益・利権・収益・諸々を上手く囲い込むことで一定の母集団の安全や安心を私たちは求めてきたし、またそういうものを作り上げてきましたが、これからの時代はどのようにうまく種を飛ばせば広く世に貢献できるかが求められるだろうし、人々も実りや財に関しては、そういった広がりのある行為・垣根のない世界観を求めていくように思います。

住まい、働き方だけではなく、風の時代のグレイトシフトは「購買・消費活動」にも及び、「Iを満たすための消費・所有」から、「**WEを満たす、全体性といえるWEに貢献していくための消費**」へと変化していき、それにより、地球全体の意識が上がり、より環境によいアースフレンドリーともいえる生活ステージへと人々は移行していくことになるのではないでしょうか。

これからの居場所

選ばれる土地・場所・町へ

これから私たちが生きることとなる「水瓶座の時代」は個体優位性を打ち出すことが重要となります。個体優位性を打ち出すということは〝優れた個体特性を出していく〟ということなので、ともするとそれ自体は〝わがままに生きる〟とか、〝自己主張強め〟に生きる！　というふうに理解されがちですが、決してそういうことではなく、むしろ、個々の強みを最大限に打ち出すことで社会により貢献することができるということ。そして、そういう個が集まることで、社会全体のレベルや意識を上げていくことができるはず、という意味でここでは用いています。

また面白いことにアクエリアスの時代においては人だけではなく、都市、町、村落といったものがそれぞれ〝差別化〟が進んでいく時代になると星々は教えてくれています。**それぞれの村落、町、都市も〝擬人化できるほどに〟チャーミングな、個性豊かなものへ**と変貌していくはずで、今はまだ土の時代らしく〝画一化されたもの〟が多いですが、

2025年前後ぐらいになれば、もっと〝差別化〟が進み、地方都市の中でダントツに高い人気を誇るところが生まれたり、今でいう糸島のように移住者で賑わうビレッジができたりと、各所それぞれの特色がどんどん生まれてくるように思います。

その理由はいくつかあるのですが、まず一つ目は、〝住まいにまつわる自由〟を人類が手に入れつつあるということがあげられます。コロナウイルスの影響でリモートワークが普及し、世界のどこにいても繋がること・働くことが可能になったことで〝**場所の選択の自由**〟が生まれたことが何より大きな一手ではないでしょうか。文字通り、場所にとらわれた生活様式が過去のものになり、自由に都市間移動ができ、オフィスの場所に〝依存しない〟〝社屋のある場所に寄せなくていい〟生活が可能となり、住まいの選択の幅が人類史上初！　といえるほどに格段に広がったのがこの風の年のファーストイヤー、2020年でした。

実際にその流れを見越してか、

－HafH

https://hafh.com/

- ADDress
https://address.love/

- SANU
https://sa-nu.com/

こういったサービスも続々ローンチされていることから、以前に比べて〝移動すること〟〝ちょっと住んでみること〟のハードルがガクンと下がりました。

今までであれば、大都市なら敷金・礼金・仲介手数料（と前家賃）があるので、引っ越しは頻繁にするものではありませんでした。1回したらそれだけで数十万円、はたまたそれ以上のお金がぶっ飛ぶ（家電を買い換える・家具・カーテン等を揃える等）のが引っ越しだったからです。

つまり、それほど〝住まいを選ぶこと・地域を選ぶことは慎重に行うべきこと〟だったのですが、こういった制度・システム・サービスが増えると、もはや、〝**着替えるように**〟〝**衣替えをするように**〟**居場所を変える**ことも可能となります。

着替えるように住まいを変える。

もちろんこれが次時代の絶対的なスタンダードになるとは思えませんが、住まい方の選択肢が一つ増えるという意味でも多くの人には〝住まいを考える上〟できっと多くのヒントとなることはまちがいないでしょう。また、当然、ノマドライフを目指している人やすでに実践している人たちからすると〝願ってもないオプション〟だといえるのではないでしょうか。

そして、新天地に住民票を置く〝納税者〟としての移住者が増えなくても、週末だけやってくるとか、1ヵ月だけ住むなどの〝活動人口〟がいるだけで、その町や集落は宿泊費・飲食費・遊興費等である程度は潤うような気がしますがどうでしょうか。

そしてなにより、**人が集まるところには、情報もお金もいろいろなものが集まるもの**。

流行っているラーメン屋さんにみなが並ぶように、行列ができるお寿司屋さんに整理券をもらってでも並んで入るように、〝人が集まり、そこに活気がある〟ということは人を呼ぶための呼び水ともなり得ます。なによりお店、空間、町に人の気配がする〝生気ある〟環境というのは、人が人らしくあるためにもとても大事なことのように思うのです。

風の時代的・市町村レベルの生存戦略

また〝人の意識レベル〟が上がると、その町の首長や政治形態、その町に住まう人たちの諸々にも注意・視点・意識が巡ることになるので、どうしても今まで通りの町作りや政治の形態では立ち行かなくなるのではないかとも思っています。

SDGs的な考え方、ソーシャルグッドな町・組織作り、〝今〟ではなくて、〝未来〟を見据えた町作り等を掲げることをしないと、あっという間に、特に若者世代は、〝見限るように〟町から、村から、都市から流出してしまう可能性があります。

将来に何のリターンもなさそうな地域・場所・組織に対して、「税金、労力、諸々」をはたしてどれだけの人たちが〝残したい・落としたい・寄与したい〟と思うでしょう。

そういう意味でも味のある・色のある（無色透明でない）町作り、制度作りができるかが重要になってきます。

自分の町のことを誇れる、自慢できる、語れる。

そういった〝個性〟を町に持たせることが、ひいては人を集めることに繋がり、また、人と町との信頼関係を高めるアクションになっていくのでしょう。

そして、これからは〝個の時代〟となるので、大都市からの支援（税金での補填）等も今後は期待薄になっていくかもしれません。

そうなればキチンと自立した町の運営をしていくことがますます重要になっていくので、補助金等に頼らずに町の財政基盤を整えること。そして、企業、いや、これからは**有力な個人やグループを誘致することが町の生存戦略としても大事**になっていくはずです。

これはブランディングの手法の一つと言ってしまうこともできるのですが、「削って削って」、その都市・町の個性・本質にたどり着き、最後に残ったものをローカルアイデンティティとして密度高めに外部に向けて打ち出していくほうがうまくいきやすいようにも思います。

そうして打ち出された特色やマインド・イデオロギー・環境意識。

それが世界や日本全国に届けば、全国・世界にはきっとそれが〝響く〟人たちも一定数いるはずですし、そういった〝響いた〟人たちがこれから移住してくれたり、視察に訪れたりしてくれるかもしれません。

また、移動が簡単にお手ごろになることで〝意識的に〟住まいを選ぶことができ、惰性で1ヵ所に居続けることが減るのが私たちの未来におけるトレンドだとすると、当然どこかに住むということには〝意味〟とか〝意義〟といったものが必要となってきます。

〇〇が好きだから〇〇区にいる。
〇〇の制度がよいから〇〇市にいる。
〇〇に貢献したいから〇〇村にいる。

もともとの景観とか環境（空気とか水とか）の要因以外にも独自の路線・オリジナリティが〝選ばれる理由〟として必要となってくるはずです。

さらにそれに追い打ちをかけるのは、教育さえもリモート化していけば、子供の都合で〇〇に居続けるということすらなくなっていくので、**魅力がないところからは驚くべきスピードで人口流出が起きる**ことも考えられます。

風の時代になり、移動・住まいについても選択肢が広がり、住まう場所についてリアルに、そしてかつてないほどに考え始めることとなります。

ハザードリスクが少ないのはどこか。
好きなサーフィンが効率よくできるのはどこか。
農業をしたいから日照条件、降雨量等が最も適しているのは？

ウインタースポーツが好きだから一番雪質がいいのは？

等々、人は移動するためには〝理由〟を求めるものです。

そしてその**〝そこに住む理由〟を提示できるところが、これからの〝選ばれる土地〟**となっていくはずです。そして、その理由を求めてその町、その土地を選んでくれる人たち、つまり、意識的にそこに住んでくれる、その土地を愛する人たちをどれだけ集めることができるのか。

それが今後の都市や町の生き残り戦略となるような気がしてなりません。

Chapter

5

［12星座別］新時代の波に乗る方法

最後にお届けするのは、12 星座別
「風の時代への最適化計画」。
まずはこれまでの人生を振り返りながら、
自分の星のエッセンスを摑んでください。
星座ごとに異なる、新時代への適応方法と、
担う役割もお伝えします。
あなたがこれからの人生を軽やかに
サーフしていくための、
「風のガイドブック」となりますように。

Aries

♈

牡羊座

3/21-4/19

ボーダーを越え、ワクワクする方へ

牡羊座の性質✦土の時代の振り返り

12星座にはそれぞれ「守護星」といったものが設定されています。母艦であり、母星のようなものととらえるとわかりやすいように思いますが、各星座のもとにそれぞれの守護星が入室した時には、それらの星・サインの威や影響が増すというのが占星術の世界では一つの定説となっています。

その守護星（ルーラーとも言われます）は牡羊座の場合は軍神を祖とする戦い・情熱の星、火星。

ローマ神話でいうところの軍神マルス（ギリシャ神話ではアレスとも）の星なのでなんとも猛々しいイメージがありますし、または、火なんていうところから〝恋愛の火〟とか〝情熱の火〟などが連想され、燃え上がるパワー・生きる源泉を人々に授けていく天体です。

私たちが風の門を越えるのは2020年12月22日頃。その時、軍神の星・火星はちょうど牡羊座の直上にいます。

上記でいう〝母艦回帰〟のときであり、〝最も自分らしい状態、エネルギー・活力がみなぎった状態〟で、風の時代を迎えられるラッキーな人たち、それが牡羊座なのです（ちなみに守護星帰還状態で風の門をくぐるのは牡羊座と魚座だけです）。

では、そんな牡羊座のエネルギーの本質とはなんなのでしょうか。

牡羊座の本質的な力、それは、〝先陣を切る力・新領地を切り開き、道を作っていく力〟であり、また、〝新しいあり方・肩書・生き方を示す力〟です。

牡羊座に生まれた人たちがそのエネルギーと似通った仕事につくとか、新しいものに触れられる職種を志望することが多いのは当然のこと。

モデル・女優・スタイリスト・ネイリスト・メイクアップアーティスト・トレーナー等、自分のヴィジュアルや存在感で勝負するとか、また、他者のよいところを引き出す、個性を高めるような役割を社会で担うので芸能界・広告業界に適性が高く、個性的な人が多いことから、個人事業の社長やフリーランスとして活動する人、作家・美容家・芸術家も大勢輩出しています。

〝星のごとく輝く個人プレーヤー〟になり、世を照らしていく。それが牡羊座らしい社会での活躍の仕方であると言えそうです。


風の時代の最初の20年ほどは「水瓶座の時代（2020～2043年）」ともいわれ、個々の内に秘める〝画一化できない何か〟を大きく世に打ち出していく、個性が重要になる時代となります。

個性が最重要視される時代においては〝今までのあり方・既定路線・枠にはまった生き方〟はどうしても前時代感が出がちで、この時代に即したものへとアップデートしていく必要があります。

前置きが長くなってしまいましたが、その個性の刷新・個性を引き出す役割を担うのが牡羊座の人たちです。

人の心の奥にしまい込まれてしまった〝個性の種〟とか、隠された才能の尻尾を見つけ出し、どんどん個々の魅力・才能を表に引っ張り出していくこと。また、カウンセリング・セミナー・ワークショップ・ウェビナー等を通して、人々の中に眠る宝を探し、魂の原石を磨き研いでいくこと。

そういったことがこの風の時代の導入期において、牡羊座の人たちの背負う天命とも言えるもの。

そのため、早い人だと2011年ごろから、遅い人でも2017年末ごろから、その〝個性探しの旅〟の準備期間として、自分がまず自由になっていくとか、組織等を離れ、自分らしさを打ち出していく生き方にシフトしたという人もいるはずです。

牡羊座の人はその高感度のアンテナで時代を先取りしていく人たちであり、その生き方で〝時代感を示す〟人たちなので、どうしても周囲がそんな牡羊座の人たちのマインド・行動を理解できないとか、ついていけないということは時代の狭間においては特に発生しがちです。

ただ、これからの時代においては、そんな〝理解されない不安や懸念〟はもはや過去のものになり、混沌の時代を照らす救世主然とした働きをしていくことになるのですが、より具体的な方法や行動指針等については次項の「風の時代の成功戦略」で述べたいと思います。

風の時代の成功戦略 新しい人や世界と自由につながる

風の時代の開幕以降、次の世の時代感を表す星座「水瓶座」、そしてその水瓶座の持つ革命のエネルギーは牡羊座の人から見て、「未来・将来・協調」を示すところに流れ込みます。

その結果、牡羊座の人たちはどんどん〝フューチャリスティック〟な領域や、非常に未来志向な生き方へとシフトしていくことになるでしょう。

また、そういった〝未来のシナリオ〟をあなたたち牡羊座に描かせるために、人脈・ネットワークという運気が今まで以上に〝加速〟され、今までとは違う人たちとの出会い、交流、異世界・異文化とのつながりが活発になります。

「協調・協奏」というキーワードが世間に多く出てくるのが水瓶座の時代の特徴ですが、常に時代の最先端を行く牡羊座の人たちは、自らもプロボノ活動をしたり、NPO等への参加をしたりして、率先して新しい生き方をしていくこととなるでしょう。

また、中には「営利・非営利事業」のボーダーを越えて、新時代的な働き方や社会貢献の道へ足を踏み出す人たちもいそうです。

風の時代の導入期とも言える2023年までの3年間が、水瓶座の機運が最も高まるときなので、その特徴である「ボーダーを越えていく」動きが最高潮になり、牡羊座の人たちは業界・領域のバリアを越えて、自分のため、そして後進や仲間たちのためにいろいろなところに橋をかけていくことになりそうです。

「既存のあり方を覆していくこと」それがこの3年間の牡羊座のあなたの開運のキーです。迷ったら〝新しい方・ワクワクする方に舵を切る〟ことさえできれば、あなたは風の時代的な生き方の実践者として最速で次代に最適化し、時代の荒海を泳ぎ切り、活躍のステージへと浮上していけるはずです。

また、〝Ｂｅｉｎｇ〟に特化したパワーを持つのが牡羊座なので、時代のあり方や政治・文化・出生国等によっては〝革新的すぎる〟とか〝新人類〟等と言われたりして、出る杭は打たれるようなこともあるかもしれません。

ただ、今年から始まる風の時代においてはそんな〝障壁〟はもはや存在しません。

なぜなら土の時代が終わり、風の時代が進むにつれ、それら〝叩こうとしてくる者たち〟の圧力・バリアの存在感や威力が薄れていくからです。

また水瓶座の時代とは〝異端者・ユニークなもの〟が尊ばれる時代でもあるので、もし変わったアイディア、面白い企画等があるなら、どんどんそれらを世に打ち出していき、発表・発言していくといいと思います。

牡羊座の人たちは〝火星〟からの最大級の後押しを受ける形で風の時代にシフトしていきますから、最高のスタートダッシュを切れる暗示もあります。周りが全く見えなくなるほどに集中力を高めて、一点突破で土の時代の呪縛を振り払いつつ、新天地を目指していきましょう。

Aries

ちなみに土の時代の呪縛とは〝安定・安心・保証〟といった、心の安寧をもたらすと同時に〝なんらかの縛り〟をもたらすもののことです。

そういった前時代の幻影に固執せずに、これからの時代らしい生き方・ライフスタイルを構築していくことを意識して進んでいくと、自ずと風の時代における成功ルートに導かれていくはずです。

風の時代の恋愛論 副交感神経をオンにしてくれる人とご縁が

牡羊座の人は次の水瓶座の時代（2020〜2043年）には恋のスタイルや愛についての価値観が変わる可能性があります。いわゆるバーニングする、盛り上がっていくタイプの恋愛というよりは、何かの目的を共に目指す同志や、プロジェクトメンバーの中で自然に距離が近くなっていき結ばれていくような、どちらかというと友愛に近い形の恋愛・結婚が多くなっていくかもしれません。

そのため、燃える恋というものは以前の時代に比べて減っていく可能性もありますが、その分、安心や安定をもたらしてくれる〝穏やかなお付き合い〟をしていくのでしょうし、またそういった恋愛関係を魂が求めるようになる気がします。

そうなってくると、付き合う相手の基準やタイプといったものも変化していくはず。どちらかというと今までは派手な人やパワフルな人、社会的な能力値が高い人を選びがちだったかもしれませんが、これからはそういった対外的なスキルではなくて、無人島でもやっていけそうな人とか、はたまた一緒にいると心が和む人、自分の表情筋をうまく緩ませてくれるような人に心が惹かれ、ご縁も繋がりやすくなっていくでしょう。

言うなればそれは〝副交感神経をオンにしてくれるようなパートナー〟。

外の生活、社会での荒波に揉まれ疲れた体・マインドに爽やかな風を吹かせてくれる、〝エアリー〟な人。それが風の時代を生きる牡羊座の人と好相性で、かつ、ご縁がある人のプロフィールかと思われるのですが、では、実際にそういった人とはどういう形で縁が紡がれていくのでしょうか。

風の時代のご縁。それを摑むためのヒントは実は〝異世界〟というものに集約されているように思います。牡羊座の人たちは〝集中力・スピード・勢い・リーダーシップ〟には優れていますが、広い視野を持つとか、すぐに結果が出ないことにじっくりと向き合うとかは実は苦手。

でも〝きついのは承知〟で、今期はそういった苦手案件に積極的に向き合ってみましょう。発酵食品を作る、積立式の金融商品を買ってみる、手間暇をかけて植物を育ててみる、仕事でも長く時間がかかりそうな案件を受けるのもいいかもしれません。

そうするとそういった業種・分野のプロや詳しい方たちと繋がり、その中にいいご縁が見つかるなんていうこともあり得るかもしれません。

また、キーワードが異世界ということから、異業種とのコラボレーションや、普段あまり足が向かないところにもあえて行ってみたりしてもいいでしょう。普段、お休みは街中へ——という人なら満天の星空を眺めに山や海辺に行くとか、またいつもは自然のそばにいる方なら街中やランドマーク的な高層ビルの展望台に行ってみるのもおすすめです。

リアリストはロマンティックな要素を取り入れてみる。空想大好き！　な人はリアルな、地に足がついた生き方を積極的にしてみる。そうすると、想像より早く素敵な人たちが周りに現れ始めるかもしれません。

今期、特に風の時代の序盤とも言える2020年末〜2022年末はアウェイかホームかの二択であれば、迷わずアウェイを選ぶのが正解。これは恋愛のみならず全てにいえることなのですが、とりわけ恋の成就には特効薬といえそうです。

Taurus

♉

牡牛座

4/20-5/20

美意識強化委員となり、本物を世に伝えていく

牡牛座の性質 ✦ 土の時代の振り返り

占星術的には牡牛座の守護星は美の星・金星で、快楽・芸術・本物を志向するといわれています。実際に牡牛座の人たちはこの世のなかにある美味しいもの・素敵なもの・美しいものに対する感度が高く、彼らに美味しいお店や最近見つけた素敵なショップ、ブランド等を尋ねたなら、へたなガイド本も真っ青！ といえるほどのリストが送られてきたりするでしょう。

それほどにこだわりが強い、五感の王様とも言えるのが牡牛座の人たちなので、今までもその感覚を仕事に生かしたり、高水準なものを生み出したり、美の結晶と言える作品を作り上げてきたのではないでしょうか。

ジュエリーや高級衣料のデザイン・販売、内外装の設計、アート・デザインのキュレーションやプロデュース等、感覚を生かした仕事はこの世にたくさんありますが、名高いものや星付きともいわれるような場所、本物といわれるような存在の裏には牡牛座の人たちが絡んでいることが多い印象も受けます。

また、牡牛座の人たちは12星座一のルーティーン至上主義者です。

浮気をせずに同じところにずっと通うとか、同じブランド・品番ばかりを愛用するとか、はたまた何かをするときに同じパターンをずっと繰り返したりするのも〝安心・安定〟を求める性質が彼らの中にあるから。

それは裏を返せば、安心とか安定といった感情を他の人たちにも提供することができる、そういった場所を作ることができるパワーを持つ人であるということで、実はその〝どっしりした安定力〟といったものが牡牛座力の真骨頂なのです。

そのため、牡牛座がいる組織、部署、場所は常に高位安定。

牡牛座の力はまさに〝底力〟ともいえるもので、何が起きても動じない、アンカー（錨）のようなパワーを発揮しますが、実はこの2020年にはその力も一転、どうやら安定の錨を沈める場所がシフトしていくこととなりそうなのです。

牡牛座をめぐる大きな星の動きは実は占星術上の大転換期と言われている2020年に始まったものではありません。その前年、2019年3月に革命の星・天王星が牡牛座の部屋、金牛宮に入室したあたりに牡牛座の自己改革劇は端を発し、その前後から牡牛座の周りでは〝定位置だと思っていたものが定位置ではなくなる〟といった現象が起きているはずですがいかがでしょうか。

また、外圧的なものがやってこなかったとしても、自発的にそういった〝動きを求める〟マインドが内側から強く押し寄せてきていて「ここではないどこかへ行きたい」と思っている人や実際にそういったアクションを起こした人もいるはずです。

牡牛座は基本的には〝新しい動き〟をすることが苦手で、自陣内、自分のテリトリー内で全てを完結させたい人たちのはず。それはひとえにその方が安心・安定・安全（心理的に）であるからなのですが、ここにきて牡牛座の人たちの内なる冒険心に火がつき、一気に〝遥か遠いところ〟や、全くの異業種・異業態へと参入したり、顔を出したり、はたまた〝土とご縁が深い〟星座であることから、土地・建物を取得したりと、今までと打ってかわって大胆なアクションを起こしている人も多いように思います。

では、そんな一足早く〝自己改革のメス〟を入れ始めた牡牛座さんですが、これから本格的に風の時代が進んでいくと、一体その命運は、ライフスタイルは、ライフパスはどうなっていくのでしょうか。

次項では牡牛座的「風の時代の成功戦略」を取り上げていきたいと思います。

風の時代の成功戦略 カリスマ性を発揮して、未来に本物を残す

前項でも申し上げたように、牡牛座は一足先に2019年から自己改革のメスを振るっていると思いますが、その自己改革はどのように進んでいるでしょうか。

あなた自身の見た目のみならず、居場所や発信方法等も大きく変わる、そんな暗示が強いのが昨年からの星回りですが、これからの風の時代にはそれに加えて〝カリスマ性〟を発揮する、というのもあなたの人生の課題に加わってきます。

牡牛座から見て〝社会・リーダーシップ・カリスマ〟を表すエリアに、風の時代の初期のリーダー星・水瓶座のエネルギーが流れ込んでいることがその主たる理由なのですが、牡牛座の人はこれから約3年の間は時代のシンボルのような生き方をその身で体現していくことになるのかもしれません。

前述しましたが、牡牛座の守護星は美の星・金星です。牡牛座の部屋に革命家の天王星がいること、そして、美意識の金星。この二つの星のシナジーが世界にもたらすものとは、「新時代の美意識の基準を作りあげること」や「新時代に価値があるもの・社会の中心となることをマークアップしていくこと」

なのではないでしょうか。

皆さんご存知の通り、今はいろいろな価値観が崩れ、新しい価値観や生き方が表に出てきている時代です。ただ、そのどれがこれからの主流となるもので、どれが価値を持つものか、明確な線引きができる人は多くないように思います。

そんな中、勇敢にも挙手して〝これからのニュースタンダード・ニューラグジュアリー〟を提示・提唱していくことになる、そしてその役割を実際に担っていくのが牡牛座の人たちではないでしょうか。

普段は自分のテリトリー内だけでおとなしく過ごしている牡牛座ですが、これからは時には〝ぐうたらさん〟などと言われるあだ名を返上！　会社を作るとか、組織を作るとか、新サービスを打ち出すとか、はたまた、メディアに出ていく等、一気に時の人になったりする可能性が大。

実際に他の星々からも〝カリスマ的な役割〟を託されているので、牡牛座のやることなすこと、一挙手一投足が世間からもてはやされて、時代の寵児のようになっていくことも予想されます。

いつの世も時代を作っていく人たちには〝前衛的なものを推していく〟傾向があるのですが、ただ今回の牡牛座レボリューションはちょっといつものそれと趣が違い、ただただ、よいもの・本物・時を経ても価値が下がらないものを伝えていく、紹介していく、キュレーションしていくだけなのです。逆を言えば、今までは〝価値があると思わされていたもの〟や〝価値がないのにその価値以上の値で売られていたもの〟〝贋作〟の類いが多かった時代だったのではないでしょうか。

そう考えると牡牛座の人たちがしていくことは非常にシンプルなこと。ただ、本物だけを未来に残していく、それだけです。

本物を見抜く目を持つ牡牛座だからこそ、〝フィルター〟のような役目がこの時代の境目に託されたのかもしれません。

風の時代の恋愛論 遠い世界の人とのご縁が結ばれる

牡牛座は2025年までは大いに荒れ気味です。それは、自室である金牛宮に天王星というロックな波動を持つ星を抱えることによって派生する、公私にわたるあれこれに振り回されることが予見されるからです。

例えば、「超安定志向のファミリーの中に破天荒な居候がやってきて、ドタバタコメディやドラマ的な展開が起きていく」とか、これはもちろん漫画やドラマの中のストーリーですが、それに匹敵するような人生の大転換シフト、価値観を逆転させるようなことが連発しそうなのが牡牛座をめぐる星回りです。

特に試練の星・土星が魚座を離れる2026年までは、牡牛座の周囲では人間関係や恋愛関係のドラマが絶えず、いろいろなルール・ポリシーチェンジが起きそうな流れを感じます。

話は少し変わりますが、遺伝子的にはより遠くのものと交配・結合した方が、より優秀な子孫が生まれるというのはもはや常識ともいっていいものかと思います。

そして、そのセオリーを恋愛等にも適用するならば、出自が遠いとか、習慣や思想等が異なる人といた方が人間的にも成長が見込めるともいえそうですがいかがでしょうか。

実際に星が導こうとしているのは、ホロスコープを見れば見るほど、そういった〝遠い世界の人たち〟な気がしています。

外国人や外国にいる人はもちろん、価値観や仕事観が大きく異なる人たち。そういう人たちに巡り合ったなら、それはもしかするとあなたの人生を大きく変えうる運命の出会いのようなものかもしれません。

牡牛座は〝大きな刺激〟を嫌うはずです。

いつもと同じ、いつもと変わらない、それが安心の源であり、一番落ち着くものだからです。

ただ、これからの、特に3年間（２０２０年末～２０２３年）はまるで今までの自分では考えられないような大胆なことをしていくかもしれません。

恋が理由で移住を決めるとか、はたまた〝彼氏・彼女・配偶者〟といった肩書・立ち位置にこだわらない付き合いをしていくとか、いろいろな意味で〝縛り〟がとれて、一気に自由な生き方へと大胆にシフトチェンジしていくことも増えそうです。

これはもちろん特定のパートナーがいる人にもいえることなので、ともすると固定観念から徐々に解放されたり、お互いの家同士の繋がりがもたらすいろいろなしがらみや掟や風習から解放されたりしていくことになるのかもしれません。

牡牛座からすると〝自由〟というキーワードは遥か遠い世界のことのように思われるかもしれませんが、実は自由になれるだけの〝物質的なもの〟はもうすでに手中に収めているのではありませんか？

牡牛座はＩ ｈａｖｅをスローガンに持つ星座です。所有・蓄財・利殖は牡牛座の十八番とも言えるもののはず。でも、〝それを使うところ〟はいったいどこなのでしょう？

この風の時代には思い切って牡牛座の宝物庫を開き、世界に旅に出たりするなど、もっと〝ものに縛られない生き方〟をするのはどうでしょうか。

そう思い切れた時、あなたのその冒険を喜んでくれる人、そしてその冒険を共にしてくれる人がきっといるはずで、それがもしかするとあなたの人生の伴侶になったり、パートナーとなる人なのかもしれません。

Taurus

Gemini
♊

双子座

5/21-6/20

旧時代と新時代を繋ぐ〝風のガイド〟

双子座の性質 ✦ 土の時代の振り返り

私たちが通常〝○○座〟生まれといっているのはいわゆる太陽星座と称されるもので、生まれたときの太陽の位置によって分けられるものです。雑誌や朝の情報番組の最後によく見られる、〝○○座の運勢〟といったものを表す際に使われたりもするので、皆さんになじみの深いものかと思います。

この12の星座は〝火・土・風・水〟という4元素に分けられていて、星の世界ではこれらの要素が世界を作る元素であると定義されています。歴史を見ても数百年ごとに〝時代感〟が変わっているのはこれらの元素が巡るからだとされていて、今はちょうど節目といえるとき。この境目を超えて、これから私たちが向き合うことになるのは風のエレメントです。

時代の主成分である「風」、それと同質のエレメントに属する、通称〝風の星座〟といわれるものには、双子座、天秤座、水瓶座とあり、その特質から、順に柔軟宮、活動宮、不動宮というふうに分けられていて、それぞれ、潤滑油的、行動的、守護神的といった特性を持つとされています。

では、風の星座のトップバッターで柔軟な気質を持つ双子座とは一体どのような星座なのでしょうか。

ここで少し双子座とその特性を見てみたいと思います。

まず、双子座の特性はそのフレキシビリティと情報感度にあります。

「風」とは無形のもの・気のようなものを扱う特性がある要素です。そのため〝見えないもの〟に対する感度が他の要素を持つ星座よりも優れています。

たとえば、人気が出そうなものがわかる、気が利く・気を遣える、気持ちを理解できる、空気が読める、雰囲気がよいところがわかったり、よい雰囲気を作り出せる等々、〝見えないもの、だけどとってもだいじなもの〟を彼らは司っているのです。

そういうふうに捉えると、双子座の人たちとはなんと〝生きやすい人たち〟なのかと思えてきますがいかがでしょうか。感度がよくて、気が利いて、頭の回転も速い。センスもよくて人当たりもよいとくればもはやオールラウンダーのような気がしなくもありません。

山羊座のような頑固さや獅子座のような王道主義、はたまた牡牛座のような強いこだわりがあるというわけでもないので、〝テコでも動かない〟ということもなく、相手と意見・主義主張が違っても、お互いにうまく落ち着けるところを探していけるコミュニケーションの名手でもあります。

双子座は12星座中もっとも好奇心が旺盛で、何にでも興味を持つ気質があるので、年齢や肩書、社会的な属性を超えて多くの友人・知人を持ち、常に情報交換をしてフレッシュなエアーを入れ続けています。その結果、老いを遠ざけ、いつもフレッシュで若々しいエネルギーに満ちている。それが双子座の人たちなのではないかと思います。

ちなみに本格的に風の時代になるのは、2020年12月からですが、実は、1981年から20年ほど、時代は若干フライングして風の時代となっていました。

その時代には大きな追い風を受けて、自分のキャリアを築いたり、自分の生き方の指針を決めた双子座の人もいたのではないでしょうか。

2000〜2020年の20年は土のエレメントへと時代は一旦逆戻り。しかも双子座からみると一つ前の星座の牡牛座の時代だったので、この時期には逃避願望が出てきたり、不本意なことをせざるを得なかったりと、精神的にもしんどい思いをした双子座の人たちもいたはずです。

そして、そんな厳しい時期を越えた後に、今年の年末にやってくる、〝風の時代の本格的な開門〟。

この風の時代には双子座は一体どのような活躍が期待されているのでしょうか。はたまた星々から求められている双子座の役割とはなんでしょうか。

次項ではその詳細について、風の時代に追い風を受ける方法をお伝えしていきたいと思います。

風の時代の成功戦略 「風の時代の歩き方」を示すという天命

2020年12月に新時代の門が開かれる少し前、時期でいうと2020年3月、4月頃からでしょうか、双子座の人には思ってもみなかったところと繋がるような出来事が起きたように思いますがいかがでしょうか？

今までの自分なら興味すら抱かなかったようなこと、今までであればスルーしていたようなこと、はたまた全くの異分野・異領域で手を出してこなかったことに繋がり始めているように思いますがどうでしょうか。〝イレギュラーな、でも面白そうなこと〟との出会い・ライフイベントが発生したのではないでしょうか？

この〝意外なことが連続して起きていること〟の謎は、星の運行を見ていることで解き明かすことができます。2020年のエネルギーの基盤を司り、人々に新時代モードにシフトを促しているのは前述の通り、水瓶座のパワーなのですが、この水瓶座の力が双子座から見て〝新天地・異世界〟を表すエリアに流れ込んでいることがその主たる理由。

その影響により、双子座の人はこれから約3年の間はまず自らが新天地に乗り込み、それ以降は人々を導くガイドとなって彼らの世界とこちらの世界に〝橋をかける〟ようなアクションをしていくのかもしれません。

そう考えると、双子座とは土の時代と風の時代の〝繋ぎ〟を果たす人たちといえなくもないでしょう。実際にアンテナ感度の高さが双子座の人たちの自慢であり特徴なので、新時代の風の到来を察知し、かなり早い段階から生き方の基本姿勢をクルッと方向転換して、ニューノーマルの時代の生き方へとシフトチェンジしている人も多いかと思いますがどうでしょう？

まだその波に乗れていないよという双子座の人たちももちろん心配はありません。その人たちはきっと多くのほかの星座の人たちと一緒の船で新しい大地へと行くことになる、新大陸へ向かう船のクルーの役目を担った人たちなのでしょう。

いずれにしても双子座の人の新時代における役割は〝風のガイド〟といったもの。

新しい時代にはきっと多くの人が何をすればよいのか、どこに行けばよいのか迷いに迷うはず。また、その中で信頼がおけない船頭に出会ったり、時代遅れの情報に触れたりする人たちもいることでしょう。

時代の境目は、過去の時代のものはその価値を失い、今までノーマークだったものが価値を持つようになったりもする、〝先を読むことが難しい〟瞬間です。

海外旅行ならガイド本を見れば一発で見どころ等もわかりますが、今は〝時代の境目という荒れた海が世界中に広がっている〟ようなとき。そんなときに人々に海図を示したり、きちんとした航路、航海術を示していく、それが双子座の天命であり、最もエキサイティングな命・才能の使い方ではないでしょうか。

もちろんそれは大役なのですが、〝天は乗り越えられない課題は与えない〟ともいいます。

ここは思い切ってその大役を引き受けて、世に向けて思うこと・感じること・実践していること等を発信していくのはどうでしょうか。

某ガイドブックではないですが、あなたの発信・発言はそれがそっくりそのまま〝風の時代の歩き方〟となっていくように思います。

風の時代の恋愛論 恋愛が双子座を新天地へ導く

双子座は文字どおり、その内に二つの個性を持つといわれる星座です。

それは「ひとりの中に二つの視点がある」ということで、複雑な思考回路をもち、多面的な分析ができるということです。

そのためビジネス等多角的な視点が必要なものでは結果を出すことに長けますが、恋愛等のエモーショナルな要素が強い場面では〝狩り〟パートはうまくできても、〝保守・点検〟パートはあまり得意ではないかもしれません。

それは双子座が〝恋愛が苦手〟というわけではなく、どうしても数字や結果という形で正解が出しやすい仕事に比べて、正解も達成度合いもわかりにくい恋愛なるものに思い切りのめり込むことができないところに起因しているように思います。

束の間のアヴァンチュール、はたまた同志といえる人と結婚するなどして家族を〝運営〟していくということに関しては得意でも、理性を失うようなエモーショナルなものはどちらかといえば敬遠したいもののはず。

ただ、そんな〝クール〟な双子座にも大きなラブチャンスがやってくるのがこの風の時代です。

しかも非常に面白いのは、風の時代とは植物がその種や胞子を風や虫たちに乗せて遠くに飛ばしてもらえる時代であると例えられたりもするように、双子座の人たちも〝遠く〟や〝遠い存在〟、〝異分野の人たち〟と接していくことでご縁の糸が急速に繋がっていくこととなりそうなのです。

今はネット婚活とか今まではありえないような繋がり方もできる時代です。これまでは自分の身近な人（例：自分ー友人ー友人の友人）の繋がりからの〝ご縁・出会い〟というのがほとんどでした。

もちろん急にお店や路上で声をかけられるというのもあると思いますが、それも結局は自分の生活圏がもたらすご縁とも言えるものです。

そういった〝自分が慣れ親しんだ環境で発生するもの〟から解放されるのが、2020年以降の双子座の人の恋愛運です。

例えば、行く先々で素敵な出会いがあるとか、面白いご縁に恵まれるということが頻発するでしょう。旅先で、研修先で、はたまた留学中に等、〝出会いの種〟は新しい土地に求めることができますし、実際にそうすることで双子座の人たちは新天地とのご縁ができたり、新しい世界に足を踏み出す勇気やチャンスをもらえるかもしれません。

星の企てなんていうと人聞きが悪いですが、〝恋愛〟というパッケージに巧妙に隠してはいるものの、実は〝移動させること〟が真意で、空の星々は風に飛ばされる種子のように双子座の人を世界に拡散させたいだけなのかもしれません。

恋や愛とは、人に大きな決断をさせる大きな理由となるものです。

愛ゆえに仕事を変える、恋い焦がれるゆえに好きな人の近くにいたくなる。それは人として自然な思いであり、また、動物としての本能だとも言えます。

いつしか恋する気持ちは愛に変わり、熱い思いは安定した穏やかなものになっていくでしょう。二人の関係や気持ちがそうして落ち着きを見せる頃、あなた自身も新天地で今とは違う、でも、今よりもよい環境で穏やかな日々を過ごしているのかもしれません。

Cancer

♋

蟹座

6/21-7/22

◆

星の強制執行により新しいライフステージへ

蟹座の性質◆土の時代の振り返り

蟹座は月を守護星に持つ星座です。

占星術的には月とは心を表しますが、心は万人が持つもので、人を突き動かす〝中心〟であり、〝意志〟が生まれるところだといえます。

また、蟹座は4元素でいうと、水の星座とされていて（水の星座には蟹座、蠍座、魚座がある）水の星座とは〝感情・共感〟を司るとされています。

そのため蟹座の人というのは情にあつく、熱血で気概があったりして、感情を優先する人たちでもあります。

とはいえ、その趣味嗜好はコンサバティブ。アンテナ高めに新しい何かに食いつくというよりは基本的には家族・家・お決まりの場所が大好きで、定番・鉄板ものを愛してやまない！　それが蟹座の人たちのスタンダードです。

なかでも行きつけの場所・お店を持つ度合いは12星座中、牡牛座と双璧をなすといえるほどで〝お決まりが大好き〟な人が多いのではないでしょうか。

そういった意味では、〝同じこと・同じもの・定番〟を好む蟹座にとって、実は土の時代というのは相性がいい時代でもありました。

なぜなら土の時代とはマニュアル・パッケージ・プロセス・メソッド・雛形等、型を作りがちな時代。カニがその〝硬い殻〟に覆われている身であることからわかるように、〝型に入ること〟で安心して仕事やタスクに打ち込めたからです。

そのため、一旦組織に入ったら、よほどのことがないとやめませんし、外の世界に足を踏み出すということは考えもしないでしょう。

またそう簡単に転職に踏み切れなかったりするのは、一緒に働いている仲間たちに対して申し訳ないとか、仲間・同僚・部下たちが大事だからといったところが主たる理由であり、彼ら蟹座が〝仁義〟や〝気持ち〟を大事にする人たちであるからかもしれません。

さて、そんな〝仁義ファースト〟で土の時代を生きてきた蟹座の人たちですが、これからの風の時代は生き力そのものが変わります。なんといっても今までの土の時代に外敵を避けるため身を隠していた岩場が、風で飛ばされたりしてなくなっていくのですから！

外の世界と自分を分ける壁や岩が徐々になくなっていく、それが風の時代なのです。

そんな〝隠れ場〟がなくなった蟹座の人たちはどうしたらこれからの世をうまく渡っていくことができるのか。時代を変えていく風が吹き荒れるこの転機をどう乗り越え、新しい時代、風の時代にどうやって最適化していくのか。

軽やかな風に対し、ウェットな水という気質を持つのが蟹座ですが、その〝相反する〟ともいえる要素を持つ蟹座がどうやって風の時代に自らをフィットさせていくか。その成功戦略は次項に詳しくまとめてあります。

風の時代の成功戦略 IN/OUTのリバース現象

蟹座だけでなく水の星座全般にいえることですが、水の要素を持つ星座の人たちは基本的に〝癒やしのパワー・形質〟を強く持ちます。

そのため、ヒーリング・デトックス・リラクゼーション・ファスティング等々、そういった〝癒やし・ケア・メンテナンス〟のプロとして著名な方には水の星座の人が多いようです。また、不思議なことに水の要素が強い方は特に多くの場数を踏まなくても、勝手にクライアントの方から寄ってくるような、〝疲れていたりケアが必要な人を吸着するオーラ・引力〟をその身に持っていて、いわゆる集客には困らなかったりするのも特徴です。

その中でも蟹座の人たちは〝活動宮〟に区分されることから、世の中にこれから必要になるようなことを開発・企画・展開したり、またそれらを拡散・紹介することにも天性のパワーを発揮するでしょう。

さて、そんな〝癒やし業界の申し子〟ともいえる蟹座ですが、風の時代の開門（2020年12月）以降の世界では、水瓶座のエネルギーが蟹座から見て〝癒やし・デトックス・ヒーリング〟を表すエリアに流れ込んでいることから、その蟹座の特性が〝急速に開花・発達〟し、ますます癒やしのエンジェルのような存在になっていく可能性が大！

また、癒やしと言ってもいわゆる施術的なものだけを指すのではなく、食事療法や代替療法、最先端の治療法、はたまた、風の時代らしく、音叉等バイブレーションを利用したケア方法等を体験したり、広めたりしていくことになるのかもしれません。

蟹座の人はこの風の時代の最初の3年で大きくその居場所を変える可能性があります。

というのも2020年末にやってくる山羊座TGC（トリプルグレートコンジャンクション）のエネルギーが蟹座に対して真正面から照射されるので、

蟹座の人たちが持つ〝本心〟とか〝本当にやりたいこと〟があぶり出されることになります。

実際にそういうライフイベントが強制執行的に続くこととなり、好むと好まざるとにかかわらず、新しいライフステージへと移行していくこととなる、それが蟹座の人の2020年ではないでしょうか。

結果、今までのしがらみとか関係性とかから解放されて、よい意味では〝自由に活動できるようになる〟のですが、逆の意味では〝安定〟が消えたり、今まで使えていた裏技が使えなくなったりすることもあるかもしれません。

そしてそのイベントが勃発してすぐは蟹座の人は〝大きなものをなくした〟ように感じるかもしれませんが、なんということはなく、できた穴はすぐに埋めることができます。失ったと感じてもそれ以上のものをすぐに回収・挽回・補塡していけるはずなので心配無用なのです。

また、何か大きなものを回収する・継承するというサインも出ているので、相続するとか何かを譲り受ける予定がある人は、それはきっとこの3年以内、しかもかなり早いタイミングでやってくるかもしれません。そしてその〝戴冠〟により、あなたの社会的ポジションも大変化し、責任や負荷は増えるかもしれませんが、それを上回る力と楽しみ、そしてやりがいを感じられるようになっていくはずです。

最後に、蟹座の人から見て水瓶座が座する部屋は〝結婚生活〟の部屋でもあります。そこに〝水瓶座のリバースエンジン〟が来るということは、蟹座の主婦が急に一家の稼ぎ頭になったり、蟹座の夫が急に専業主夫になったりということも起こりえます。

蟹座的といえる思考――男は外で働き稼いで、家族を支えるもの、女は家で家族を守るもの――といったものにリバースエンジンがかかることで逆転していく暗示があるのですが、古典的な概念に縛られていると〝相当強い形でその形式からの解脱〟が迫られる暗示がありますから、古き思考を手放すサインがやってきたらさっと脳内からアンインストールして、次代の生き方へとステップアップしていくことをお勧めします。

Cancer

家という蟹座の担当領域においてのIN／OUT。そのINとOUTが変わる、逆転現象への対応がこの3年の間に蟹座のあなたが取り組んでいくことなのではないでしょうか。

風の時代の恋愛論 これから3年、人生最高のモテキが続く！

蟹座は12星座の中で唯一〝心〟を主人格にもつ、心ファーストな人たちです。それゆえ、蟹座ほど〝愛する対象〟を必要とする人たちを私は知りません。

蟹座をはじめ、蠍座も魚座も、水の星座は基本的には〝愛とか情〟をベースに生きている人たちなので、彼らにとって、恋や愛は生きるために必要な潤いであり、潤滑油であり、栄養素ともいえるものです。

ただ、蟹座はその〝愛を向ける対象〟が幅広く、我が子・パートナーはもちろん、甥・姪、弟子・部下等、いろいろなところに惜しみなく愛情を注いでいくはずです。また、その対象は人とは限らず、ペットや家庭菜園の野菜たちかもしれません。

いずれにしても、有り余るほどの溢れる愛を持つ人たちが蟹座で、〝お世話をする喜び〟〝仲間のために頑張る楽しさ〟を知っていて、それを自らの成長や毎日の糧にすることができる、心で〝栄養を吸収することができる〟人たちなのです。

そんな蟹座の風の時代の恋愛・結婚ですが、実は〝蟹座らしくない〟ことがそのテーマに上がってきています。そのテーマとは〝一段飛ばし〟というもの。少々豪快な言い方をするならば、〝すっ飛ばす〟などといえてしまうかもしれません。

最近ではだいぶフレキシブルになってきているとはいえ、恋愛・結婚・家族計画における〝通常の〟プロセスとは、依然として「お付き合い→結婚→出産」といったものかと思いますが、どうやらこの風の時代にはその強風にあおられてなのか、〝どれかのプロセスをすっ飛ばす〟可能性があります。例えば、ご懐妊してから入籍となる、これは最近であればまま見られるようになってきたことだと思いますが、出会ってすぐに結婚して、それから愛を深めるとかお互いをよく知っていくとか、ちょっとした逆転現象が起こるなんていうこともこの風の時代にはあり得るかもしれません。

風の時代の最初の3年間には〝スピード婚〟が蟹座の間では流行ったりするかもしれません。

また、水瓶座が座するところは〝夫婦間のこと・結婚後のこと・継承〟を意味するエリアでもあるため、配偶者の仕事を助けるとか、結婚により家業を継承するとか、はたまた何かを相続するという人もいるでしょう。その際にパートナーとのやりとり、対話を重ねて、お互いの考えや思想をより理解し、関係がさらに深まったり、中には関係を改める人もいそうです。

また、恋愛に関して、蟹座のあなたに朗報が二つあります。

朗報の一つ目は、出会いやご縁に関しては〝灯台下暗し〟というテーマがあなたに届いていますよ、ということ。つまり、意外と本命ともいえる人は近くにいて、実は腐れ縁的な人や昔から知っているけれど〝レンジ内〟に入らなかった人などが、急に候補としてポンと上がってくるかもしれません。

そして、もう一つの朗報は、蟹座はこれから3年の間は〝人生最高レベルのモテキ〟を過ごすことになるであろうということ。

基本的に蟹座は保守的ですが仲間内からの紹介やご縁にあずかれるので〝人のご縁〟には事欠かない人たちですが、その動きがどうやらかつてないほどに高まり、スケジュール帳が埋まるぐらいに紹介案件や食事会がセッティングされるかもしれません。

とはいえ、もともと体がそれほど頑丈な星座ではないので、予定の詰め込みはほどほどに。何しろ〝収穫期間〟は3年と長いのですから、ゆっくり焦らず、いいご縁の巡り合わせを狙っていきましょう。

Cancer

Leo
♌

獅子座

7/23-8/22

✦

コラボレーターたちと連合王国を作る

獅子座の性質✦土の時代の振り返り

黄道12星座5番目となる獅子座、そのシンボルは皆様ご存じ〝ライオン〟です。

その生態からライオンはサバンナの王様であり、たてがみを持つオスの派手なヴィジュアルに起因して、ライオンはいつもサーカスや動物園の人気者。

百獣の王なんていう呼び名にもある通り、ライオンとは〝王位の象徴〟であり、獅子座は王座そのものを表している星座なのです。

上昇志向とプライドと王の威厳そのものを体現したような、波乱万丈かつ栄誉に恵まれる人生を送るのが獅子座の人たちです。

また、獅子座とは不動宮に分類され、太陽を守護星にする星座でもあります。

そのため、万物にエネルギーを分け与える太陽さながらに、すべての人たちにパワー・活気を付与していく、エンパワーメントの達人でもあります。

実際に、獅子座のいるところにはエナジー・活気があり、人の輪ができていたらそこには獅子座の人がいたりすることもしばしば。その特性を生かして芸能・モデル・タレント活動等で名を挙げ、顔を売っていく人も多く、〝スター輩出星座〟などといわれることがあるのも納得です。

そんなカリスマ星座ともいえる獅子座は、過去の土の時代にはきっとキャリア上の大躍進ができたことと思いますがいかがでしょうか。特に2014〜2020年の7年間は自分史上最高とも言える結果を叩きだしたり、自己ベストを更新したり、一定のポジション、盤石な土台を築くことに成功したかと思います。

また、そういうことはなかったという人でもキャリアを大胆に変えてみたり、新しい生き方にシフトして生き方の軸線を変えてみたりした人もいるはずです。

2008年以降、獅子座は〝仕事〟にまつわるところが〝激変する〟運気をもっていました。

そのため、大きな変化をこの時期に体験した人たちも多いと思います。

登った人、変えた人、シフトした人。

そして今度はその体験をみんなとシェアしたり、仕事における成功物語の主人公ではなくて、誰かをサポートする側とか、コラボレーションしていくとか、〝誰かと何かをする〟時期に突入しようとしています。

冒頭の話に戻りますが、獅子座はその人生の過程で必ず〝王様〟になることを経験する星座です。

これからの風の時代に、獅子座はさらに進化・成長を加速させ、さらなる力を持つ王様になっていくのか、もうすでに王様の人は連合王国を作りその王になっていくのか、はたまたもう王様として国を仕切っていくのに疲れた人は隠居して陰で誰かをサポートしていくことになるのか。

その過程は人によって異なりますが、〝今までに貯めてきた何か〟を使って世に貢献していくことはきっと間違いないと思います。

その風の時代の獅子座論、さらなる成功戦略・成長のヒントは次項にて詳しく述べていきたいと思います。

風の時代の成功戦略 最高の援護射撃を受けられるとき

前述の通り、獅子座は王様の星座です。自分の王国はこれだ！といえるようなものを人生を通じて作り上げていくこととなります。

そんな〝建国の意思〟を強く持つ獅子座ですが、この風の時代の主要エネルギーとなる水瓶座というのは実は獅子座から見て真逆の位置に座するもの。つまり、正反対の力、ベクトルを持つものということです。

ホロスコープのサークルチャートをイメージしてもらえれば分かると思いますが、獅子座と正面から向かい合うのが水瓶座です。その配置を占星術ではオポジションなどといいますが、お互いに激しく刺激し合う相性・関係性で、吉凶混合ではあるが結婚等には向く相性だともいわれています。

この正反対のところに座する星座・水瓶座は、獅子座の人が持っていない要素をたくさん持っています。それゆえ、そのエネルギーを取り入れたり、親しんでいくこと、果敢に挑むことで獅子座にかつてないほど大きな成長をもたらしてくれるはずです。

獅子座は〝マイワールド〟から出るのを苦手とする人たちです。

そのため、私の世界観はこれ、と決めると、それ以外については門外漢なので基本的にはノータッチの姿勢を貫くはず。

ただ、これからの世界はボーダーがどんどん薄れていく世界ですから、境界線なんてあってないようなものになっていきます。あなたの世界にもたくさんの新規参入者が入ってくるはずですし、またその逆も然りであなた自身も誰かの世界の中にお邪魔させてもらったり、誰かと一緒に違う世界を体験、旅することもきっとあるでしょう。

そしてこれから、特に２０２３年までの３年間は異業種交流・異分野とのコラボレーションがどんどん進んでいく期間となります。

あなたが今まで力を注いできたこと、その知見や知恵を惜しみなく出していく代わりに向こうからも大きなリターンがやってくるなど、王様である獅子座らしい言い方をすると〝王国同士〟のやりとりが広がり、非常に強力な連合王国を作っていくことができるはずです。

また、いろいろな人たちの導きにより、今まで見たことがなかったような世界を見る機会にも恵まれて、今までいた世界が急に色褪せて見えたり、なんなら飽きを感じたりしてしまうかもしれません。もしあなたが今の環境に〝やりきった感〟とか〝今後の展開にワクワクを感じない〟ような状況になっているなら、思い切って趣味に身を投じてみるとか、FUNファーストで日々を過ごしてみるのはどうでしょうか。

獅子座はもともと〝芸事・趣味・エンタメ・クリエイティブ〟を司る星座でもあります。

獅子座のエネルギーはそういった華やかで雅で煌びやかなもの。

そのため、彼らが目を向ける先は異業種といえど、創造性や楽しみや彩りにあふれたもののはずで、コラボや学びが深まるほどに獅子座の人生のパレットにはまた一つ、二つと豊かに生きるための楽しみやネタが増えていくでしょう。

最後に、獅子座には今〝抜擢運〟〝引き上げ運〟というものが集中的に宇宙から降り注いでいます。あなたを持ち上げてくれる人、あなたに声をかけてくれる人、あなたを応援してくれる人。

きっと今あなたの周りにはそういう人たちがたくさんやってきていると思いますが、いかがでしょうか？　幸いにも風の門を開いた2020年12月以降も3年の間はこの運気が続きます。

人生最高とも言えるサポーター運を享受できるので、きっと独力ではたどり着けなかったところに到達できたり、ありえないほどの援護射撃を受けたりもできるでしょう。

でもきっとその時にあなたはふっと思い出すはず

です。本当はあなたは〃王としての役目を果たすため〃にこの世に生まれてきたことを。

なんらかの生きた印を残すため、芸術なのか何かの作品なのかチームワークの産物なのか、その〃結晶化の手法〃がなにかはわかりませんが、この3年の間に、命の輝きをどこかにしっかりと刻むということを獅子座のあなたは進めていくはずです。

2020年末からは建国、または自身の国を強固なものにしていく時期が本格的に始まります。

世界は未だに混沌に包まれて、おそらく不安定な情勢が続くことになるかもしれません。

でもあなたは生まれながらの王様なのです。

世間のあれこれに一喜一憂するのではなく、どっしりと構え、あなたはあなたの王国を粛々と運営していけばいいのではないかと思います。

風の時代の恋愛論 獅子座の愛は激変の予感！

獅子座はよく占いでは、派手でゴージャス思考で、注目を集めることを望む、などといわれています。たしかにそれは獅子座の一部を言い当てていると思いますが、これからの獅子座の恋愛観はそういったステレオタイプなものとは少し異なるものへと変化していきそうです。

星が伝えるところによると、時代の主運を司る水瓶座は風の星座であり、獅子座とは真逆の性質を持つことから、獅子座の恋愛観はそのエネルギーに大いに刺激され、激変していく予感があります。

恋愛、特に結婚観はこの風の時代の最初の3年で一気に変わっていくことになるかもしれません。なぜなら水瓶座の座する部屋こそ獅子座からすると〃パートナーシップ〃を表す位置にあるからです。

あべこべ、真逆になっていく。それがこの時期の獅子座の恋愛にまつわるパターンだとするならば、今までと全く違うタイプの人を好きになるとか、結婚願望がなかったのに急に結婚したくなるとか、そのまた逆で結婚願望があって婚活もしていたのに、もうどうでもよくなっていくとか、そういう〝大どんでん返し〟が起こることがまず考えられます。

次に、今までは自分を中心にした人生・家族設計だったものがパートナーファーストで、家族のことや配偶者の都合を最優先にしたものに組みかえられていったりと、生活主軸が自分から違うものへと移行していくことが考えられます。

これは獅子座の人にしてみたら非常に面白い変化ではないでしょうか。

自分がいつも〝キング&クイーン〟の座にいるので、その座を誰かに譲って、そのサポートをしていくなんて、天地がひっくり返ってもなさそうだったものが、この全てを逆展開していく〝水瓶座のリバースエンジン〟の波長により、ここ数年の間に実現していくこととなります。

また、獅子座はプライドの星座であり、みんなを守っていきたいと思う隠れ頑張り屋さんなのですが、アクエリアス（水瓶座）の時代（2020〜2043年）になると急に頑張りがきかなくなったり、頑張りの糸が切れていくような暗示もあります。

でもそれはきっと〝守備範囲の設定を本当に大事なものだけ〟に変えたからこそ起こることなのでしょう。獅子座の人たちは今まできっと頑張りすぎていたのです。本来は〝担当領域外〟のことまでも。

でもこれからは違います。

本当にカバーすべきところだけカバーし、あとは手放していく。周りからどう見られるかよりも自国の民をどれだけ大事にしているか。

家族や大事な人たちを最優先に考える、愛するもの・自国ファーストな生き方へと人生の舵を切っていくこととなるのでしょう。

Virgo ♍

乙女座

8/23-9/22

時代の軍師として世界を立て直す

乙女座の性質 ✦ 土の時代の振り返り

乙女座は土の星座の2番手、柔軟宮に区分され、〝仕組み・インフラ・健康・公務〟を司る星座です。基本的に土や水の星座には頑固な気質を持つ人や真面目な性格の人が多いとされていますが、乙女座もその例に漏れず、真面目でストイックに仕事に打ち込む星座だと言われています。

そして、各星座は体の各パーツを司っているのですが、乙女座の場合はそれが神経系統や腸と言われていて、実際に神経過敏なところがあったり、仕事で心をすり減らすようなスケジュールを組んだりして負荷がかかりすぎ、消化器系の疾患になったりする人も。

真面目なのはよいことなのですが、息抜き方法やリラックス・デトックス法をうまく取り入れて適度にガスを抜いていくこともＱＯＬ（生活の質）を保つためには必要です。人生の過程で自分にとってのよい塩梅・よい加減をマスターしていくこと、ストレスを溜め込まずに適度に発散することが、乙女座の人が楽しい日々を過ごすための必須策といえそうです。

このように乙女座の人は体の調子を壊すことがも

しかすると他の星座の人たちよりも多いかもしれませんが、それはきっと乙女座の人たちが〝人の体について詳しく知ること〟を星々から託された存在だからかもしれません。その管轄領域に〝医療・ケア〟とあるように、人生のどこかで人を癒やす・ケアする・何かを補整していくということを経験する宿命を帯びる乙女座はどうしても、その星の並びから〝メンテナンス〟といったものにご縁が深いように思います。

セラピー・カウンセリング・代替医療等々。

体験に勝る学びはないと言われるように、どの分野も極めようとするなら自分で体験・経験してみるのが一番。机上の空論を重ねていくことは乙女座ライクな手法ではないはずです。

つまり、星々は乙女座のあなたが12星座一の調律師・チューニングマスターになっていけるように、わざとそういった〝体の仕組みを知るため〟の課題・試練を課したりしているように思えます。

また、乙女座は12星座一の分析屋さん・解析屋さんだと言われています。

データを見てその特性を分析したり、また、そこから導き出される何かを検証していくのが大好き。そして、システムや仕組み自体を考案したり、作り上げていくのも乙女座の得意技のひとつです。他の星座の人たちであればさじを投げたくなるようなこともさささっと機転を利かしつつ最後まできっちりと責任感を持って仕上げ、完成させる。

それが12星座一の仕事人、乙女座の人たちの流儀なのです。

さて、そんな〝仕組み作りのプロ〟といえる乙女座ですが、これからの風の時代には一体何を天から任されているのでしょうか。星々が望むことは一体何なのでしょうか。

2020年12月に開く風の門以降の時代に乙女座が向き合っていくこと、そしてそれをうまくこなしていくための成功戦略。それらを次項で詳しくお伝えしていこうと思います。

風の時代の成功戦略　新時代のワーク・ライフ・プレイを創る

2020年12月に幕を開ける新時代、風の時代。

年末以降は乙女座から見て〝働き方・仕組み〟を表すエリアに水瓶座のエネルギーが流れ込むことから、乙女座の人はこれから約3年の間は〝働き方改革、美容・健康革命〟を行う役目を負っていくはずです。

これは多くの人が感じていることかと思いますが、〝今までのシステム〟や〝働き方〟というもののなかには死に体になっているものも多くあります。

これほどまでに大きな時代の節目というものは、今この世に生きている人たちのほとんどが経験したことのないもの。

そのため、きっと多くの人が鬱積したエネルギーのやり場や、労働のエネルギーを出す場所を見つけられずにいることと思います。

また、それに加えて、これから人類はどこに向かっていくのか、どういった産業やビジネスが主要なものになっていくのかというところが現状では非常に読みづらく、なかなか投資に踏み切れないとか、転職を躊躇するといった人たちも相当数いらっしゃるはずです。

話は一旦それますが、乙女座は知性の星・水星を守護星に持つ星座です。同じく水星を守護星に持つ星座に双子座がいますが、あちらは〝スピード・リアクション・拡大・拡散・アンテナ力〟といったものを水星から授けられているのに対し、乙女座は〝分析・知略・図面制作・設計〟といった知性を授けられている星座です。

わかりやすく例えるならば、戦場の最前線で活躍する現場判断型（双子座）と、司令部で作戦を練る軍師型（乙女座）というふうに言えるかもしれません。

ただ、今はその問題の〝現場〟が大きく移り変わっている時代です。

現場が混乱していて様相が全くわからないときは一歩引いてみて、じっくりと軍略を立て直していく知恵とセンスが必要で、それを兼ね備えているのが乙女座の人たちなのです。

乙女座には理学療法士・整体師・医師・鍼灸師・看護師・治療家が多いように、何かを〝立て直していく〟エネルギーが備わっています。

時代がここまで混乱を極め、前時代のものがもう通用しなくなってきている今、それら旧式のプラットフォーム・システム・ビジネスの形態に取って代わるものを生み出していくことが急務となりますが、それを進めていくのが〝立て直すエネルギーを天から与えられた〟乙女座の人の使命ともいえるもの。

これからの風の時代にはもっと風通しのよい、ボーダーを軽やかに越えていく新時代のビジネスプラットフォーム、または大人の遊び場のようなものが必要となるでしょう。

新時代の働き方の土台・雛形・流儀、そういうものを打ち立てたり、既存のものにメスを入れて、これからの世にも通用するものになるように〝アップデート〟させたりしていく。

世界や全国を飛び回りながら、そういう創生と復活の儀式を各地で行っていく。それがこれから3年間、乙女座の人たちが向き合う課題であり、最も生き生きと活躍できるフィールドなのではと思います。

加えて、乙女座と同じ土の星座である牡牛座、金牛宮に鎮座する天王星のパワーが非常に好意的な形で乙女座の部屋、処女宮へと流れ込んできています。

その影響で、乙女座の人の脳裏には旅とか海外とか、留学とか移住といったキーワードがチラチラ浮かんでいるかもしれませんが、それはきっと来るべくしてやってきている天からのインスピレーションといえるものでしょう。

この牡牛座・天王星の影響は2025年まで続くので、それまでに海外移住とか、2拠点・3拠点生活を推し進めていくのも乙女座の人生にとっては大きなプラスです。

これは仕事のみならず、家族・恋愛・結婚のすべておいて、追い風となるので、海外や地方移住に興味がある人はこのタイミングで検討してみるのもよいかもしれません。

また、乙女座は公的機関と相性がいいので、補助金とか助成金をもらえるかどうかを検討してみるのもよいでしょう。星々からの支援もありますし、きっとなんらかのプラスがやってくるように思います。

風の時代の恋愛論　乙女座の恋の狩り場は職場に

乙女座というのは基本的に〝ミッションオリエンテッド〟な星座だと言われています。

例えば、同じくミッションオリエンテッドの星座である射手座が新発明・新発見をめざす博士や研究員だとすると、乙女座はそのアシスタントやその研究を査定する人、またはパトロンといった立場の人たちです。こういうと、乙女座の役回りが理解しやすいでしょうか。

そして往々にして乙女座の恋愛・ロマンスというのはそういった〝同じ目的や目標を持つ者〟同士で発生します。将来は海外に移住したいとか、自然回帰型の心地いい家を建てたいとか、プロアスリートとコーチとか、そういった目標を共有しやすい関係が最も〝リアル〟な関係だと捉えるからなのか、支えること・サポートをすることに燃えるからなのかはわかりませんが、お互いに切磋琢磨し合える関係が乙女座にとってはベストな相手だと言えるはず。

2020年12月、水瓶座にてGC（グレートコンジャンクション）が起きて、風の時代の門が開くことになります。それ以降の世界では、乙女座は基本的に〝風の時代のプラットフォームを構築することに奔走することになる〟というのは前述の通りですが、乙女座のパートナーシップ・恋の種はその仕組み作りに向き合っていく中で、人知れず育まれていくことになる、そんな少し秘められた恋をするような流れが星回りには表れています。

これからの風の時代にはおそらく〝オフィス〟とか〝リアルな職場〟というものは文字どおり徐々に風化していくことになりそうですが、乙女座の恋の〝狩り場〟は基本的には職場にあるといってもいいでしょう。

仕事関係の人、取引先、出入り業者、コンペティター等々、仕事で関わる人はきっと多岐にわたると思いますが、乙女座の人が一番光るときというのは実は〝働いているとき・何かに従事しているとき〟といわれていることから、それらあなたの外での顔を知る人たちはそんな〝真面目に仕事に打ち込む姿〟に惹かれていくのかもしれません。

ちなみに、資格取得のためなど、仕事に繋がりそうなセミナー・ワークショップ等で本命と出会う可能性もあるので、スキルアップやキャリアアップのための投資を考えている人はそれが婚活費用でありご縁結びの必要経費となる可能性もあります。

仕事の向上心からくるアクションはすべてあなたには追い風となるので、遠慮なく〝自己投資〟を行っていくとよいでしょう。

また、2020年末~2022年は、健康にまつわることや癒しの場所にご縁が繋がりやすいので、医師はもちろん、整体・代替療法・カウンセリング従事者の人たちとのやりとりが増えたりしそうですし、乙女座の人の中にはそういった仕事自体に興味を抱く人もいるかもしれません。そして同時にその中に〝運命の人〟がいる可能性もあります。

感度の高い層を中心にマインドフルネス・ウェルビーイングなる概念・言葉は昨今ブームのようにもなってきていますが、そういう健康やライフワークバランスの意識が高い人たちと接する機会を増やすことで、乙女座の人たちは自然とよき出会いへと導かれていくように思います。

Libra

♎

天秤座

9/23-10/22

ひらめきを武器に、楽しさ優先で生きる

天秤座の性質◆土の時代の振り返り

天秤座は美と愛と正義の星です。

実際にその〝天秤〟のモチーフ自体も〝正義と公平の女神〟の持つ天秤から由来するものだとか。

その〝起源〟はさておき、天秤座は正義・公平を測る天秤をそのルーツとし、社会性、正義、偏重を調整するといったエネルギー特性を持つ星座です。

そのため、不正は許さず、正義とか公平性を愛し、常に中立・中庸であろうとする人たちです。

実際に誰からも愛されるキャラクターや容姿を持つ人たちが多いとも言われています。統計上も天秤座はアイドル・役者・表現者の輩出率が高い星座で、しかもその愛されキャラなところが幸いしてか比較的若年期から頭角を現す人も多いのが特徴です。

では、なぜ天秤座はそんな類稀なる愛され運を持たされているのか。

それは彼らが〝新しいものやこれからの時代を作るもの〟等々を世界に紹介したり、繋いでいくような役割を持っているからです。

例えば皆さんも経験があるかと思いますが、この人の愛用品なら私も欲しい、とか、この人がオススメするならぜひ試してみたい！　とか。はたまたそ

の逆で、ものはよさそうなんだけれども、この人からはどうしても買いたくないとか、契約書にサインしたくないといったことがあります。当然ですが、この前者にあたる人たちというのが天秤座の人たち、ないし、天秤座力の強い人たちです。

華やかなオーラを持ち、常に中立・中庸でいるからこそ、〝ご紹介パワー・拡散力〟が際立ち、ここぞというときにはその発言、発信が多くの人たちの心にダイレクトに届きます。

また、言葉や発信ツールの使い方にも長けていて、自己プロデュース力も相当なものがあるので、芸能人的なSNSやブログ使いもでき、実際にブロガーとしてネットの世界では名が知られているとか、それなりのポジションを築いている人たちもいると思いますがどうでしょうか。まだその域に入っていないよとか、発信とかそもそもする気になれないという人たちも、時代はこれから大きく変わることですし、これを機会に一旦その姿勢を崩してみるなりして、なんらかの〝発信〟をしてみるのはいかがでしょうか。

繰り返しますが、天秤座力を生かすには〝伝えること・外に何かを打ち出すこと〟が非常に大事なファクターとなります。自分にとっては当たり前のことも人からすると〝ええええっ！〟と驚かれるようなセンスや才能の表れであることは天秤座の人にはなんら珍しいことではありませんが、実はそういう〝隠し財宝〟としての才能を最も多くその内に秘める人たちなのです。

天秤座は風の星座といわれる、風を主要元素にもつ星座です（後の二つは双子座、水瓶座）。風の時代とは「情報・アンテナの感度・編集能力・発信能力・知性、そして機動性が重要」とされる時代なので、活動宮にカテゴライズされていることもあり活発。さらに明るい陽の性質をもち、バランス・センスの星座とも言われる天秤座にしてみれば、この時代の変化は天秤座の特徴全てに追い風をもたらすもののはず。

そういう意味では時代のシフト自体は天秤座の人

たちからすれば、まさに非常な好機であり、人生において、よい影響をどんどんもたらしてくれる時代となるはずです。

とはいえ、これまでの土の時代も天秤座の人たちからすれば決して悪いものではなかったのですが、それは「天秤座の人たちのよさを発揮するもの」というよりは、天秤座の人たちの性質・特徴が土の時代を生きていく上で大いに役に立ったからという理解の方が適切なような気がします。例えるなら、サーキット用にチューンされている高速走行に特化したレーシングカーが〝公道でも一応走れる〟みたいな感じだったのがこれまでの土の時代の天秤座。それでも天秤座は特にそのボディデザインの優秀さや内装のセンスのよさがもてはやされたので、これまでの時代でもなんとか〝やっていくこと〟はできたのだと思います。

そして、これからの風の時代においてはその〝走る部分〟がもっと使われていくことになるので、本来のあなたらしさ、あなたらしいところこそがより強く脚光を浴びていくこととなるはずです。

その才能をどう使っていくとよいのか、最高の追い風を受けて次代をサーフする方法を次項にまとめていきたいと思います。

風の時代の成功戦略 クリエイティビティを活性化

天秤座はもともと人付き合いがうまく、その社交術は12星座中随一のものがあります。ある意味では最も食いっぱぐれない才能かと思いますがどうでしょうか。

それはきっとどの要素が時代の主成分になっても武家でも農家でも騎士でも王族でも、いついかなる時代においても〝コミュニケーション・人的ネットワーク構築術〟というのは、プラスになることはあっても決してマイナスにはなり得なかったもののはずです。

ただ、天秤座の本当の力はその〝社交術〟というところよりも、美と創造の星・金星を守護星に持つことから「クリエイターであること」が最も天秤座のよいところが出る分野・領域であると思います。そして、その力を最も発揮できるとき、天秤座のメインエンジンを吹かせるときというのがこの2020年から始まる風の時代です。

2020年12月に始まるこのアクエリアス（水瓶座）の時代は、天秤座の〝エンターテイメント・芸術・創造性〟を大きく刺激することから、天秤座の人はこれから約3年の間、長い人ですとなんと20年の間は次代のアート・クリエイティブシーンを牽引していくことになっていくのかもしれません。ちなみにメインエンジンが特に唸りを上げるのは2020年末〜2025年の間で、その期間は最も天秤座の感性やひらめきが活性化するときとなっています。

その5年の間に、天秤座の人たちは今までの時代にはなかったようなスタイルのアートを生みだしたり、アーティスト活動をするのかもしれませんし、奇想天外な企画を立てて世間をアッと驚かせたりすることもありえそうです。

かつてアーティストのマルセル・デュシャンが磁器の便器を〝泉〟と称しアート作品に昇華させたように、アートの文脈におけるなんらかのアウフヘーベンをもたらす何かを生み出していく、それは他でもない、天秤座のあなた方なのかもしれません。

そして、2023〜2025年においては、新しい働き方や仕組みというところにエネルギーの大元がシフトするので、今度は〝土台・基盤〟ともいえるものをリニューアルしていく役目に関わっていくこととなります。それはリアルかインターネット等のデジタルの世界か詳細はわかりかねますが、今までよりもより大きなステージで役割を果たすであろうことは確実です。

そういった仕事やタスクの規模のスケールアップに伴い、かつてないほどの大きな責任・負荷を背負う可能性もありますが、今後の人生を占う大きな節目となる重要な3年間なので、全エネルギーを総動員して事にあたりましょう。

この3年間と2020年末〜2022年の2年を足した合計5年間の動きが、またその後の6年にももたらされる直接的な報酬・リターン・実りにつながっていくので、この2020年末〜2025年の風の時代の導入期間には〝どれだけ面白くいられるか・楽しさファーストで過ごせるか〟を意識してみるといいように思います。

天秤座に期待されているのは〝どれだけ楽しさを提供できるか・エンタメ要員として活躍できるか・笑いや彩りを提供できるか〟といったものです。

これから新時代を迎え、過ごしていく上で、ジャッジに困ったとき、判断が難しいときは、〝どちらがより楽しいか、どちらがまわりに笑いと微笑み、そしてユーモアのエッセンスを振りまけるか〟を考えるとジャッジを誤らず、自ずと正しい方へと導かれていくのではないでしょうか。

風の時代の恋愛論　恋愛観の破壊と再生がやってくる

星回りを見ていくと、この2020年末〜2023年という風の時代の導入期の3年は、どうやら天秤座にとっては恋愛修行期間のように思われます。

土星という試練・修行を表す星が天秤座から見て〝恋愛〟を表すところに入っているから、というのがその主たる理由なのですが、同じく金星を守護星に持つ牡牛座に革命の星・天王星が入っているというのも、少なからず今回の恋愛修行に対し影響を与えているように思います。

さて、2020年以降の恋愛運ですが、先ほども申し上げたように、天秤座からすると相当に厳しいものとなる予感が大！　なぜなら、この期間は天秤座のあなたにとって、タブーとか論外とか想定外のことが恋愛シーンにおいて頻発しそうだからです。

体裁・社会性・イメージを大事にする天秤座の人たちですから、普通にお付き合いするのであればおそらくスマートで賢く、パートナーを立てること等、相互リスペクトにも長け、不満のないパートナーシップを築けるはずなのですが、今期に限っては相手の方から、または周りから、なんらかの〝受け入れがたい提案〟や、〝かつてないほどの揺さぶり〟を感じる何かが飛び出てくるような暗示があります。

それを愛ゆえに受け入れるのか、それともお互いのために距離をとるのか、そこまでいくと個人鑑定の域になるので、個々に何が起こるのかまではわかりかねるのですが、恋や愛の現場においてなんらかの〝面白くもチャレンジングな変化〟が起きることは不可避な様子。また、それとは逆に、今まで自分の内側に隠されていた自分本来の恋愛観とか気持ちといったものが浮上してきそうな暗示もあります。

例えばセクシャリティにまつわるものとか、家族観にまつわるもの、はたまた、今まで周りや社会やパートナーといった〝外部のリクエストや意識〟を優先して過ごしていたのに、急に自分ファーストというか、本来の自分はどうされたいか、どうしたいか、そして、どういう付き合い方・愛し方をしたいのかといったところについて大きな葛藤が生まれるかもしれません。

本当の気持ちはこうなのに、社会性を重んじるとそれはきっと今までの自分のイメージを変えることになってしまう……等々、人によってはこの3年は大きなbefore/afterの境目となりそうです。

いずれにしても、この時期というのは非常に濃密で、今まで育んできた恋愛観とか結婚観といったものが破壊と再生を迎え、大きく変わっていく3年間となりそうです。

Scorpio

♏

蠍座

10/23-11/21

新しい土地を開き、次なる時代の畑を耕す

蠍座の性質 ✦ 土の時代の振り返り

宇宙の力を分けられた12の星座たちにはそれぞれ特色がありますが、その能力・性質によってさらにいくつかに分類できます。よく知られているのは火のエレメント・土のエレメント等、4つのエレメントに分けるもの。また、活動宮・不動宮・柔軟宮といった3区分に分けるやり方もメジャーなものの一つです。

この3つの区分で言うと蠍座は〝不動宮〟というところに属す星座ですが、不動宮とはその名の通り〝動かない〟エネルギーを持ち、何かを固定させる力を持つとされています。例えば獅子座は〝王宮〟を護る力を持ちますし、水瓶座は宇宙からのエネルギーを降ろすアンテナ基地を護る役割を持ちます。そして、蠍座はというと、社会の財とか、家庭とか、心の落ち着きどころをアンカリングさせる力を持つとされています。

金庫番であり、家庭の大黒柱であり、帰るべき巣であるといったイメージ。

それがいわば、蠍座力ともいえるものなのですが、その〝心の砦〟になんらかの妨害が入ったとき、または、世界がおかしい方向に行きそうなとき、つまり心なき方向に行こうとしたときに、持ち前の「サソリ

の毒」でもって基盤を修正していくことがあります。

神話の世界においても「神の遣わした大蠍がその毒針の一突きでポセイドンの息子である狩人オリオンを殺してしまった！」などというエピソードがあるように、サソリの毒は一時代を築いた強者すらもその座から引き下ろしてしまうほどに強力で、一撃必殺のものなのです。

では、そのサソリの毒の威力・メガトン級の力とは一体どこからやってくるのか。

その源泉は冥王星という破壊と再生を司る星であり、冥王星は三王星とも呼ばれる、天王星・海王星・冥王星の三巨頭の一角。それら三巨頭は、人には窺い知れない力を持つといわれる天体なのですが、その中でも太陽に匹敵するほどのパワー・影響力を持つと言われているのが、その太陽系最後の星・冥王星です。そして、その星は同時に蠍座の守護星でもあります。

蠍座はその冥王星のパワーをそのまま転写されている星座で、そのことからも蠍座の知られざる〝漆黒のパワー〟がどれほどのものかがわかろうというもの。

実際にその物事をひっくり返していくような気質を持つからかどうなのかはわかりませんが、時代のルールとか世間の常識を覆していく人たちや既得権にも負けずに、ルールブレイクをしていく猛者は、やはり蠍座の生まれの人たちが多いように思います。

また、太陽と双璧をなす！　ともいわれるほどのパワーがあるのが冥王星なので、蠍座の人たちは太陽の陽極とはまた異なる、陰極寄りの少し陰を感じる独特のカリスマ性を持ち、男女、年齢問わず不思議な色気を持つ人たちが多いこと、「さそり座の女」などと歌にまでなっていることが、まさに〝彼らがどれだけ特異な存在〟かの証だといえるでしょう。

さて、そんなルールブレイカー、破壊と再生の使者ともいえる蠍座ですが、これからの風の時代には一体どういうふうな〝再生劇〟をみせてくれるのでしょうか。

また母性の星とも言われるのが蠍座の特徴の一つでもありますが、それを今後は一体どのように生かしていくことになるのか。

そのあたりを次項でしっかりと掘り下げて、風の時代における成功戦略をまとめていきたいと思います。

風の時代の成功戦略 風の時代のオアシスの番人となる

風の時代の話をする前に、風の一つ前であり、2020年12月までは時代の主要元素だった〝土〟のエレメントについて少しお話ししたいと思います。

土の時代とはある意味〝型にはまってやることをやっていれば、そして型に定義されること以上のことをすれば上乗せして評価を受けることもある〟時代でした。

情や仁を大事にする蠍座は、今までにいただいた恩をしっかりと返してきたことでしょう。また、親方や組織のために尽くすことに勤しみ、封建時代の武士のように義に生き、和を乱さぬように生きてきたことと思います。

安定や安全、そして公私をしっかりと分けて、働く時は倒れるまで！ くらいの勢いで働く！ またプライベートでも子育てや家族のためにも全力を尽くすのが蠍座流なので、どれだけバイタリティがあるのだろうと周りから思われてしまうほどに、なにごとにも〝やりすぎる〟人たち。

それが蠍座的な生き方だったように思います。

ただ、それもこの風の時代の到来をもって徐々に変わろうとしています。

蠍座の持つ要素であるウェットで情感溢れる水と、〝形式を重んじる〟土の時代の土というのは実は相性がよく、マイペースで〝型にはまったりしながら〟も安定して、落ち着いた生活が送れていたことと思います。

それがここにきて、急に風の時代の新人類が現れて、時代の潮流が激変。特にここ数年はあれよあれよという間にお茶の間の話題や、ビジネスシーンでのトピックも変わってきて〝変化に対しても保守的でマイペース〟な蠍座の人は、最初はまるで現実世界に起きていることではないように捉えていても、最近では〝しっかりついていかないとまずいぞ〟と思い始めているのではないでしょうか。

また、蠍座の中でも感度のいい人たちは、実際にここ3年ほど、山羊座に土星がいた頃に先行して動き出していて、新しい土地を開墾。しっかりと新時代の畑を持ち、もうすでに悠々自適とか新しい財源を確保している人も多いように思いますがいかがでしょうか？

そして、新時代のエネルギーをもたらす星座・水瓶座は蠍座から見て〝新しい場所〟を示すところに座しています。

そのことから察するに、蠍座には「新時代の生き方をせよ、新しい場所・狩り場・コミュニティ・ワークプレイス・新人類が集う場所のようなものを創造せよ」といった、とりわけ場所にまつわる指令がきているように思いますがいかがでしょうか？

蠍座と場所というのは本来はとてもよく〝嚙み合う〟ものです。

蠍座は生殖器・巣・家の中・癒やしを表すともいわれるように、〝新しいものが生まれるところ〟といったエネルギー特性を持つ星座です。

これからの風の時代は、砂漠を行くキャラバンのようなノマドワーカー、ワーケーションをする人たち、多拠点生活者が増えると予見されています。

ただ、皆が皆そういう〝遊牧民〟的な生き方をするわけでもないでしょう。

これからの風の時代における〝ピット・ドック・ベース〟となるような場所を作り上げていく役目を負う人たち、それはきっと蠍座のはずで、風の民をその懐に抱える、新時代の女将・風の館の支配人のようなポジションを担っていくように思います。

また、場所と言いましたが、それは必ずしも〝リアル〟な場所とは限りません。今のようなＩＴ全盛の時代には〝リアルもデジタルもない〟と捉えるほ

Scorpio

うがむしろ自然でしょう。

風の時代らしく、場所・距離の制限なく集れるオンラインサロン・オンラインサークルのようなものを作り、そこに集う仲間の世話人をするとか、仲間だけ・会員だけ参加できる企画を考えるなど、〝風の時代におけるクローズドな場所〟を作っていく。

また、その場作りの先駆者として頭角を現していくこととなるはずです。

風の時代の 恋愛論 最高の上昇気流に乗れるとき

風の時代。

それは、囲いを作らないことで風通しをよくしていこうという意識がどんどん強くなる時代です。そしてその風通しをさらによくしていくために既存のバリアを解除していく、障壁を崩していくという動きが高まって、今後はもはや壁自体をそもそも設けないでおこうという意識が強まる世でもあります。

そして、そんな風の時代に生きる蠍座の人たち自体の恋愛観も大きく変わっていくような暗示があります。

例えば、結婚はしないけれども事実婚のようにずっと一緒にいるとか、はたまた、遠距離結婚とか、別居婚とか新時代の、もしくは今までの日本の伝統的な価値観になかったようなパートナーシップや結婚関係を作り上げていく、星回りを分析していく限り、そんな予感があります。

また恋模様に関しては、基本的には趣味の世界を通じて知り合うとか、オンライン（アプリ等）で知り合う人たちの中に〝当たり〟がありそうな気配があります。

今までの古典的な手法ではなく、どんどん新しい方法を試すこと。

中でも最先端のやり方に手を出すことが〝最善のパートナーシップ〟に結びつきそうなので、恋愛面においては大胆に冒険していくことが重要なキーとなるような気がします。

また、風の時代はとにかく〝重い〟のが敬遠される時代なので、つい〝重く〟なりがちな蠍座の人たちは意識して距離をとるとか、連絡頻度を下げてみるぐらいの方が結果的にいい塩梅の距離感を得られ、それが恋愛成就へとつながるのかもしれません。

また、蠍座は基本的に〝毒を吐く〟星座の内の一つではありますが、それも隠さなくても大丈夫です。もちろんそれを出せる・控えるべきTPOはあるでしょうが、表と裏があるのが人の世の面白いところです。はっきりした物言いを好む人たちも一定数いますから、自分をさらけ出して、そちらに向けてアプローチをしていく方が〝最速かつ最短で、しかも自分に合う人をゲットする〟方法のように思いますがいかがでしょうか。

ちなみに、蠍座は今期今まで出会えなかったようなパートナーを狙える、かつてないほどの〝恋愛運上昇期〟を迎えています。これは2023年まで続くチャンス期間なので、恋愛・婚活をがんばりたい！という人はこの機会を逃さないように。

そしてこの3年間、恋愛成就の秘訣は〝料理上手になること・おうちごはんマスターになること〟です。これはもちろん男女問わずで、男も女も料理ができる人はどこかサバイバル力があったり、段取り力があったり、さらに器のセンスもいいと〝できる人〟と思ってもらいやすいですし、また、〝一緒に生活したら楽しそうだな〟などと先のことを想像してもらいやすくもなるでしょう。

胃袋をつかめ、なんていいます。

このIoT・AI全盛の、Uber Eatsで頼んでしまえばデリバリーをしてもらえる現代に、〝料理の腕を磨く〟とは、なんともクラシックな感じもしますが、やはり食は生活の基本。本物といえる人こそ〝基本ができているか〟〝人として大切なものを大事にしているか〟をしっかりと見ているものです。

裏を返せば、仮に派手さや華やぎがなくとも、そういう人としての地力みたいなところが多いに評価されるときだとも言えます。

Scorpio

Sagittarius

♐

射手座

11/22-12/21

縦から横へと繫がりの形を変えていく

射手座の性質 ✦ 土の時代の振り返り

射手座は拡大の星・木星を主たるエネルギー源とする星座です。多くの占星術関係の記事や本などでも木星はラッキースターといわれたりすることを踏まえると、射手座の人たちはさしずめラッキーピープルなどと呼べるかもしれません。

射手座は誰かの才能を伸ばしたり、知の地平線を広げていくような働きをする星座です。歴史的な大発見や新発明、一時代を作るようなシリーズものの作品・世界観のあるものの開発・発展・制作の裏には射手座の人が絡んでいることが実に多いのです。

また、射手座はアカデミックな領域や高度な創造性を意味する星座でもあるので、大学教授・研究員・脚本家・小説家・シナリオライター・メディア関係者・役者や映画監督等に圧倒的に多く、文字どおり、知の世界の冒険者として世に名を残していく人を多数輩出する星座です。

加えて、皆様ご存知の通り、射手座のシンボルであるケンタウロスのケイロンは上半身が人間で下半身が馬の半人半馬の存在。射手座に運動神経がよく、すらりとしたアスリート体型で、地頭もよい人が多いのは、賢者ケイロンのその特異な形質が転写されているからなのでしょうか。

そんな賢者然とした射手座の人たちですが、これまでの土の時代には、その天体配置と絡みから、大いにその才能を発揮して、多くの作品・結果・成果を残してこられたと思います。

そのため、多くの実り・収穫・豊かさを得られた人も多いのではないでしょうか。

特に2017〜2020年は山羊座に鎮座した土星・木星・冥王星の働きにより（木星は2010年12月〜2020年12月まで）かつてないほどの大豊作、大成功を得た射手座も多いはずで、またその渦中で収入源を変えたり、なんらかのレールチェンジ等の決断をした人もいたことと思います。

そんな12星座の中のエース格・ストライカーのような射手座の人たちですが、これからの世界では一体どんな大車輪の活躍を見せてくれるのでしょうか。

射手座はいつ、いかなる時代も新しい道を切り開く大冒険家です。これから門を開ける風の時代にどんな一手を見せてくれるのか。そしてそれがどんな道を後進にもたらすのか。

射手座の人たちのひいていくガイドライン・道しるべ。今までの歴史を振り返ってもそうであったように、これからの時代においてもすべての人にとって〝射手座の導き〟が重要なものであることは間違いありません。

では、次項では射手座の人たちが向き合うことになるであろう風の時代のガイドライン、射手座的「風の時代の成功戦略」をお伝えしていきます。

風の時代の成功戦略 新時代のコミュニティづくり

新時代の最初の約20年はアクエリアス（水瓶座）の時代だと言われています。

これは新時代の旗手が水瓶座で、風の門が開いて（2020年12月22日）すぐに世界のバックグラウンドに流れるのが水瓶座のエネルギーとなるからです。

このアクエリアスのパワーは射手座から見て〝仲間・コミュニティ・発信・繋がり〟を表すところに流れ込んでいることから、射手座の人はこれから約20年の間に最低でも3年は〝新時代のコミュニティのあり方や仲間作り〟を担っていくこととなります。

射手座はいつの時代も〝目的めがけて飛んでいく矢〟のような人たちです。それは時代が移り変わろうとも世の主軸が移り変わろうとも変わることはない特性です。

これから私たちが進もうとしているのはスピード感・テンポ・ビート感がさらに重要視されることになる風の時代。

そんな時代において、〝元からスピード感のある射手座〟が〝コミュニティ・コミュニケーション能の座標〟を担っていくとすると、はたしてこの世界は一体どうなっていくのでしょうか。

スピーディーに物事を展開できる人たちやアカデミックで高尚な発言のみが認められ、価値を持つ世界になっていくのでしょうか。

その答えは否。星々が伝えてくる射手座のミッションや時代感とはそういった類いのものではなく、射手座のミッション自体は、〝発信や発言の楽しさ、配信の面白さ〟といったものを伝え、伝播していくことにフォーカスされています。

例えば射手座のあなたがSNSなどでライブ配信をすれば、多くのファンやフォロワーたちが集うでしょう。その中からあなたと同じように発信・配信を始める人たちも現れるやもしれませんし、オンラインコミュニティやサークル等を作れば、そこで横の動きが活発となり、メンバー同士でのやり取りが生じて多くの副産物やサブコミュニティのようなものもできてくるかもしれません。

射手座はいつの時代も一番星を目指し、暗い夜の世界の目印となる北極星となったり、夜の海を照らす灯台となったりする、〝ガイド灯〟の星座です。

まさに今は世界が基軸を失っているような、サードパラダイムシフトの真っ只中とも言えるとき。そんな不安や恐怖といった感情が渦巻く混沌とした時代に一条の光明を与える、それが射手座です。とはいっても〝矢のように飛んでいく〟本人にはきっとそんな意識はないかもしれませんが、楽しそうに配信をしたり、発信をしたりするその姿に多くの方がインスパイアされて、射手座のあなたの後を追う形で次のステージへと足を踏み出していくのかもしれません。

それはある意味においては、射手座の役目とは、天の岩戸に隠れた天照大神《あまてらすおおみかみ》を表に出す役割をした天《あまの》宇受売命《うずめのみこと》のようなものだとはいえないでしょうか。

神話の世界で芸能神・天宇受売命はお隠れになった太陽神をその踊りで表に誘い出したといわれています。神話になぞらえるのは大げさかもしれませんが、この時代を生きる射手座の人たちもそれと同様に、最高に楽しい宴を催し、土の時代の岩戸の奥に引っ込んでいる人たちの太陽（占星術でいうところの太陽はメインコア・主人格を表す）を招き出していく……。

それが実は射手座の人たちのメインミッションなのかもしれません。

「射手座的楽しい宴」を催すこと。それがコミュニティに属する人たちの魂を揺さぶり、奮い立たせ、風の時代のメインステージである太陽主軸主義の生き方へと〝知らずして〟導いていくこととなるのでしょう。

風の時代の恋愛論 誰かと深い関係を持ちながら「愛」を研究

射手座は前述の通り、オールラウンダー色が強く、なんでもできてしまう無敵な賢者といった特性を持つ星座ですが、実は唯一の鬼門といってもいいところが恋愛にあります。

なぜかというと恋愛とは〝数値が上の人やハイスペックの人が必ず勝者になったりいい思いをすると

は限らない〟不思議な特性を持つものだからです。

恋は落ちるものといわれたりもしますが、恋は上がるものとはあまり聞きません（テンションは上がるかもしれませんが！）。

というのは人がそれぞれ持っているコンプレックスやはまるツボみたいなところ。そこにドボンと落ちるようなこととか、お互いもしくはどちらかの凹をうめるようなこと自体が実は恋の発生のメカニズムだったりもするからです。

「とんでもなく何もできない人なんだけれど私がいないとダメになる気がする人」とか、「経済的には豊かではないのだけれどとにかく一緒にいると楽しくなる人」とか、一般的にいうところのマイナスなものが必ずしもマイナスにならなかったり、お互いの凹凸をうめて、一つのユニティになれるようなことが恋愛や結婚の楽しみ・醍醐味だったりもするのです。

しかし、目的志向型の射手座の方は〝矢のように飛び出していく〟〝目的に向かって一直線〟なので、特に生産性がないのにずっと愛だ恋だなんだと話し続けることや、誰かの愚痴に付き合うことはきっと〝耐えがたい苦行〟かと思いますがどうでしょうか。

実際に射手座の人は意味があること・意義があること、高尚なテーマについての会話は大好きですが、周囲のゴシップとか、日常のあれこれというのは実はそんなに得意ではないように思います。


そして、その不得意領域に踏み込むようなことがこの２０２０〜２０２３年の間に射手座のあなたに起こりそうです。

どんなきっかけかはわかりませんが、人によってはこの時期に特定の人・パートナーとの対話やオンラインでのやり取りを繰り返し、人生でいまだかつてないほどに深い関係を持ったりするかもしれません。

12星座一の賢者ともいわれるほどにアカデミックな射手座なので、基本的には哲学的な思考を好み、また、研究対象に対して深い愛着を持つことはあっても、恋愛・結婚が〝その研究対象になったこと〟は今までなかったかもしれませんが、これからの風の時代においては〝恋愛・結婚・パートナーシップ〟

といったものも〝研究対象〟となりそうな予感があります。

人は一体なぜ恋に落ちるのか、恋に落ちるとどうなるのか、また付き合うとは、パートナーシップとは？

一つ一つ突きつめながら、学者さながらに人が付き合っていく理由、人が恋に落ちることで得られるメリットや、またそこから派生する副次的な効能とは？ 等、多角的な視点から〝愛なるもの〟を研究していくことになるでしょう。

そのため、そのパートナー候補となるのは非常に〝頭の回転がよく、理知的な人〟となる可能性があります。

射手座は基本的にはブレーキを搭載していない星座で、突撃大好きな人たちなのですが、これからの時代にあなたの傍にいてくれるのはきっとそのアクセルに対してブレーキになってくれるような人ではないでしょうか。

射手座がついつい理性的になりすぎるのを抑えて、いい塩梅で〝横槍〟をいれてくれる人とか、的確な相槌を打ってくれるなど、そういう人がいれば要チェックです。

射手座の恋愛は決して熱く燃え上がる類いのものではないかもしれませんが、二人でいることで人生の意味が深まるとか、プロジェクトや共同事業が異次元のスピードで進んでいくなりして、二人の人生に大きな実りをもたらしてくれるはずです。

繰り返しますが、矢のように飛んでいく射手座の気質がかわることはおそらくありません。ただ、いい具合にブレーキが利いて〝溜めができる〟ことで、以前よりももっと遠くまで、そしてより速く飛んでいけるようになります。

あなたが矢なら相手は弓。

そういう相互補完が強力に起きる相手とのご縁が期待できる時、それがこの風の門の開門（2020年12月22日）以降の世界のようです。

Sagittarius

Capricorn

♑

山羊座

12/22-1/20

猛烈な追い風に乗って、根っこから自分を変える

山羊座の性質 ✦ 土の時代の振り返り

山羊座というのは基本的には真面目で社会的、仕事中心思考で堅物で……などといわれるような、THE頑固者で、何なら少々地味なキャラといわれることもある人たちなのですが、その実行力・行動力は凄まじく、12星座一の〝修行マインド〟を持つ人たちです。

若い時分から自己を厳しく追い込むことになったり、結果にコミットし、相応の成績をたたき出したりして、いわゆる成功組、キャリア組として社会的なポジションがどんどん上がっていくことも〝山羊座あるある〟と言えるかもしれません。

山羊座は活動宮と言われる区分に属し、ドライな気質があるとされてはいますが、獅子座と並び、王様・皇帝星座とも称されるほどに、トップや頂点というエネルギーの質を持っています。実はその真面目な仮面の奥には熱い野心や高い社会改革意識が隠れていたりする、本当はかなり〝熱い人たち〟なのです。

山羊座はミッション至上主義者なこともあり、基本的に仕事に関しては自他共に厳しい姿勢を持ちます。頑張らない人、結果を出さない人、頑張ろうと

している人の士気を削ぐような人・行為等に対しては厳しく当たる可能性すらあります。

また、与えられた仕事・目の前にあるタスクには12星座一ともいえる遂行エンジンをフル回転！　できうる限りの最高のものに仕上げることを旨とし、本当に前人未到の結果を出したりと〝やるべきことはやり、なんならそれ以上のことまで〟実行するでしょう。

社会的な力を身につけていくにつれ、改善・改革力も高まってくるので、どんどん新しいものや面白いものを社会やマーケットに投入しようとする意欲が高まっていくでしょう。

山羊座の人は〝役に立つことが好き〟といわれることもありますが、実はユーモアがあり、ウィットに富み、〝面白いもの・意義があること〟が好きなチャーミングな人たちです。

そんな山羊座の持つエネルギー・管轄領域は占星術上では〝社会〟であるといわれています。

社会を構成する最小単位は家族であるといわれるように、その定義・形式は実は多岐にわたり、家族、親類、自治体、国、はたまた会社やその他の組織もそれに含まれると思いますが、それらが〝形を変えていく、新時代のものに変わっていく〟のがまさに２０１７〜２０２３年の星回りです。

今まで信じていたこと、今まで当然だと思っていたことが急にそうではなくなっていく。

その現実を目の前にして社会というエネルギーを背負う山羊座はいったい何ができるのか。

山羊座は何を思い、何をしていくのか。

また会社や組織への貢献や意義のある生き方を志してきた山羊座にとって、その社会の崩壊は大変恐ろしく、内なる不安を助長させるもののはず。

そのマインドをどうやって抑え、また次の時代を生きる原動力へと変えていくのか。

コロナ前／コロナ後などと言われるように、新型コロナウイルスは世界を変えました。少なくとも私たちが今まで思っていたような社会の未来像というのは、２０２０年のパンデミックで全く異次元にワープしたかのようになってしまいました。

それはまさに〝社会自体がその向かっていく先・ベクトルを大きく変えた〟ことを意味しています。

まるで大きな有機的生命体のように。

そしてその行き先の道しるべをつけるのが山羊座の使命でもあります。

なぜなら、繰り返しますが、山羊座は社会を司る星座だからです。山羊座の人たちこそが新しい社会の雛形や生き方の指針を作り上げる存在なのです。

なので、今は〝そのあり方を背中で示せる〟ような生き方を全宇宙から期待されています。

風の時代の生き方。

山羊座の人がそれをどういうふうにライフスタイルに取り入れ、シフトさせていくのか。山羊座的風の時代の生き方を見ていくことにしましょう。

風の時代の成功戦略　頑張らない生き方へとシフト

3800年ぶりの星回りとなった大変動期間を経て、山羊座の生き方はいったいこれからどうなるでしょうか。

水瓶座の時代と言われるこれからの20年、山羊座は一体何に変革のメスを入れるのか、また天の星々は一体山羊座に何をやらせようとしているのか。

それは、単刀直入に申し上げると、〝頑張らないこと〟といえるのではないかと思われます。

その答えが導き出されたのには大きな理由があり、そのコアといえるものが、2020年に起きた山羊座のTGC（トリプルグレートコンジャンクション）と言われるもの。

山羊座は社会とか社会性、社会でどう活躍したいかといったところを表すサインなのですが、そのサイン上で試練の星・土星、拡大の星・木星、破壊の星・冥王星が、限りなく近づく、それが山羊座のTGCと言われている天体配置です。

厳密には〝ぴったり合致する＝一直線に並ぶ〟というわけではないとはいえ、その影響は非常に大きなもので、もうすでに私たちが2020年初頭から中盤にかけて味わったように、一気に社会の基盤が変わるとか、社会の中で価値のあるものが変わっていくというエネルギー、それが山羊座のTGCがもたらす結果であり、波動なのです。


しかも山羊座はそのエネルギーが自らの直上でスパークしますから、当然ですが、山羊座の人たちの生き方・あり方・仕事観といったものすべてが激変していく可能性があります。

これは一見すると辛いことのようですが、逆説的にはなんらかの社会情勢の変化や政治・経済・治安の悪化等で、対外的には〝自分以外の何かのせいにする形で〟今まで続けてきたことをストップしたり、改変したりすることができるということでもあります。

もしもう潮時だなと思っていることや、そろそろフルモデルチェンジしたいと思っている何かがあるなら、山羊座の人にはこの時期猛烈な追い風が吹いているともいえるので、思い切って根っこから変えていくのもいいかもしれません。

抜本的な改革案、変更案を出せば出すほど、変えれば変えるほどにきっとうまくいくので、積極的に〝いろいろな物事を手放していく〟のもよいでしょう。

空きスロットを作れば作るほどに、きっとそこめがけて新しい何かがシュッとやってくるはずです。


〝捨てること・整理すること〟といえば、特にその中でもお勧めしたいのは〝真面目さ〟というパラメーター・概念を捨てたり、一旦リリースしてみることです。

どうしても山羊座は〝社会に意義がないとやらない〟とか、〝真面目になりすぎる〟きらいがあります。それをこの機に脱ぎ去ってしまって、思い切って大胆なキャラ変を敢行してみるのはいかがでしょうか?

山羊座TGCは山羊座の皆さんからすると、〝一生に一度〟しかない生きながらにして生まれ変わるチャンス。2023年ぐらいまではその残留エネルギーのようなものが感じられる時期となりますから、2020年中にできなくても抜本的なキャラ変を目指して動いてみるのもいいかもしれません。当然ですが、そこには住まい、活動エリア、ハンドルネーム、家族形態等々、すべてを変えていくことが含まれます。その中のどれかだけを変えてもいいし、またそのどれをも変えてもいいのです。いろいろな変化が2020~2023年ぐらいまでは起こると思いますが、真面目の代名詞ともいえる山羊座が、実はもっとイージーな存在、もっと新時代的な生き方をする、不思議な雰囲気の人へとそのパーソナリティを変えていくことこそが最も大きな変化だと言えるでしょう。

風の時代の 恋愛論 固定観念を壊し、自由な愛へと向かう

何事もエネルギーの通りが良くなる、文字どおり〝風通しが良くなる〟のが風の時代ですが、ある意味、〝囲う〟属性を帯びがちな恋愛なるものは一体どう変化していくのでしょうか。

まず、その話に深く切り込んでいく前におさらいしておくべきは「山羊座は風の時代の到来の直前に山羊座TGCの影響で、今までのあり方をフルリセットされている」ということ。

そのリセット劇は2017年ぐらいから一気にボルテージを上げ、山羊座に〝既存の生き方の崩壊〟を告げ、実際に2017年と2020年を比べてみると3年前と全く別の人生を送っているという人が

多いはずです。

最初は恐れていた〝自由な世界へのジャンプ〟、それも今はきっと何であの時あんなに不安がっていたんだろうなどと思うことすらあるでしょう。

もちろんそのグレイトリセットは前項で触れたように仕事・ライフスタイル・住まい・家族等との関係など、広範囲にわたる変化で、恋愛・結婚観も例外ではなく、当然ですがそのエモーショナルなところも変化の波を受けることとなります。

風の時代の到来の前に既に手持ちの領土のほとんどを更地にしている山羊座の人は、言い方を変えるならば、もう何も怖いものはないほどに〝変化や失うこと、変えること〟に慣れてきた状態のはず。

極端に言うと、〝ないが故の無双状態〟で風の時代を迎え入れることができる状態にあると言えます。

そして、それはこの項のテーマである恋愛にも適用されるので、例えばお付き合いを経て結婚とか、結婚した後の家庭生活とか家族設計とか、そういうものがまるで今まで思考に上がったこともなかったかのごとくに頭からアンインストールされていくことになりそうです。

風の時代には山羊座ほど〝恋愛面・結婚面〟で揺さぶられる人はいないかもしれません。ただ、それは前述の通り、〝枠とか今までの慣習〟といった概念を壊すために、土の時代のレガシーともいえる〝属すること〟を山羊座の魂は今回の人生で卒業しにきたのだと捉えるならば、全て合点がいくのではないでしょうか。

新自由主義とも言える〝何者にも縛られない〟〝所有しない・所有されない〟フリーな生き方を仕事・恋愛ほか全てにおいて山羊座は推し進めていく。そして、そんな新時代的な生き方を実現し、新しいライフスタイルの先駆者としてこの風の時代を軽やかに生きていくのかもしれません。

Capricorn

Aquarius

♒

水瓶座

1/21-2/18

風の中でガイド灯をともす人

水瓶座の性質 ✦ 土の時代の振り返り

水瓶座は最も天才を輩出するといわれている星座です。

実際に歴史上の人物・偉人を振り返ってみたり、仕事上のやりとりを振り返ってみても、水瓶座の〝傑物度合い〟は突出していて、その評には嘘も偽りも過剰な演出もなく、きっと本当であろうと感じています。

では、なぜ水瓶座は〝天才性を持つ〟といわれるのでしょうか。

エンドレスになりそうなので詳細については割愛しますが、それは水瓶座の守護星である天王星が〝アンテナ・高感度センサー〟のような働きをして、水瓶座の人はその能力・エネルギーを転写された存在であるから、というのが占星術的にはもっともフィットする説明のように思います。

水瓶座とは宇宙に浮かぶ衛星から地球を見ているような超広角の視野を持つだけでなく、その衛星に搭載された超高解像度レンズでピンポイントに誰かやどこかを覗き見する、どこかのスパイ映画に出てきそうな〝宇宙的な〟視点を持つ人たち。

それゆえ、地球上の常識や、ある一定地域のローカルルール的なものに対しては常に懐疑的だったり、理解ができなかったりして、人間世界の当然・普通・常識が狭く窮屈なものに思えたりするので、特に幼少期、青年期は苦しい思いをする人たちも多いでしょう。

ただ、ある程度成長し、人間界で生きるための〝ノウハウ〟を獲得してからは、そのもともと備わっている宇宙の叡知を地球のルールの隙間に落とし込んでいく術を学び、爽やかな雰囲気を持ちつつ、それでいてちょっとロックな異端児として軽やかにこの世界をサーフしていくこととなります。

そしてそんなロックンロールな水瓶座ですが、2008年ごろからその動き方も一変。

今まではある一定の型にはまっていたとしても、その雛形から卒業し、ある社会実験や、インディペンデントな活動や、新時代的な何かを企てていくことや、またメディア活動等に精を出してきたように思いますがどうでしょうか。

それら独立系の動き・時代を先取りした独断専行系の動きも、おそらくは星が授けたインスピレーションを受けたことによるもののはず。

つまりはあなたがこれから2020年以降の世界において、主役になっていくための準備期間だったのです。早ければ2008年、ゆっくりな人でも2011年、遅くとも2017年からその〝主役の座に躍り出るための〟準備・移行期間はスタートし、〝これから訪れる風の時代の生き方をするため〟に水瓶座の人たちは今までの社会常識からすると〝異端とも言える〟行動に出ていたかもしれません。もちろん、社会情勢・社会の基本軸が〝土から風の時代〟に移る前にそのような〝先取りアクション〟を実行することは勇気を必要とすることで、なんなら周囲の理解も得られずに四面楚歌になるなど厳しい思いをしたこともあったでしょう。

でも星の導き通りに来ていたとするなら、これからは異端児が主役となる時代がやってきます。それはつまり水瓶座のあなたが時代を作っていくことができる世が到来するということ！　実際にこれからの世では水瓶座力ともいえる革命力、改革力が大いにもてはやされて、時代のトップランナーの多くには水瓶座の人がずらりと並ぶこととなるのではないでしょうか。

すでに風の時代の生き方を先取りしている水瓶座の人たちにお伝えするのは若干野暮かもしれませんが、次項では風の時代の水瓶座のための成功・生存戦略をお伝えしていきたいと思います。

風の時代の成功戦略 天才性を発揮して生きていく

前述の通り、水瓶座は風の時代を作り上げていく新時代の旗手たちの中でも最前線、最先端に座する、風の時代のキング&クイーンとも言える星座です。

2020年12月22日に風の門が開き、時代は一気に土から風へと移行。

多くの人が〝意識の向かう先〟を見失う中、「ここだよ、こっちだよ」というふうにガイド灯をともす人、それが水瓶座の人たちであり、風の時代の牽引役を天から授けられているのではないかと思います。

では、なぜ水瓶座が次代を担うのか。

それは冥王星と土星の両方、またはその片方を2020年12月～2043年まで背負うことになるからというのが主たる理由。

土星はその名の通り、〝大地〟を表し、冥王星は古きを壊し、新しきを生み出す、破壊と再生の王のような星です。その二つの天体を背中に負うということは、それはすなわち彼ら二大天体の代理人としてこの世を改革していくということであり、新時代の大地を開墾していくのが水瓶座のあなたであるということに他なりません。

そんな新しい時代を作り上げていく〝エポックメ

イキングドライバー〟となる水瓶座ですが、水瓶座はもともと革命者の星座であり、変革を求め、変えていくことを自らの栄養素とする変化変容の外科手術を得意とする人たちです。

個性的に生きることがよしとされるこれからの時代において水瓶座は、まさに水を得た魚のようなものに違いありません。これ以上ないほどにその才覚を発揮し、アンテナの感度を最高域まで高めて時代の中心に座り、常に勝ち名乗りをあげる人となるはずです。

その際に強みとなるのは、分野・年齢・主義主張・肩書・出自等にこだわらない、またそういったものの制約を受けないあなたの幅広いネットワークや、エッジの効いた人たちとの繋がり、はたまた時代の先を行くユニークな発信やアイディアといったもの。

今までの土の時代に築き上げてきた〝人的財産〟が一斉にその芽を出していくこととなりそうです。

占星術でも水瓶座は「I know」というスローガンをあてがわれているように、水瓶座は宇宙からの叡智を下ろしてくる才覚を持つ星座です。インターネットが普及し世界中のいろいろな人たちと時間・距離問わずにつながることができるこの時代ほど、その無数に広がるアイディアを〝形にしていく〟のに適した時代はないと思われますがいかがでしょうか。

資金はあるがアイディアがない、アイディアはあるが実行する人がいない、ツールはあるがそれを使うスキルがない、場所はあるがそれを活用する妙案がないなど、世の中には常にミスマッチがあふれています。

そしてそのミスマッチを改善するのが水瓶座の役目でもあります。

それらの才能・力・スポットを点と点を繋ぐようにして線にしていき、それを最終的には線画にして、あるイメージを浮かび上がらせるように、ご縁の糸・線を繋いでいくのが水瓶座のこれからの使命の一つであり、風の時代のアイディアの泉として大きく世の中を動かしていくこととなるのではないでしょうか。

Aquarius

風の時代の恋愛論

「みんな違ってそれがいい」が水瓶座の愛

水瓶座はアヴァンギャルドなエネルギーを持つ星座です。

それゆえ、〝普通とかありきたり〟なものでは満足できない、また、普通であること・凡なことをよしとしない性質を持つ人たちといえます。

水瓶座の跳ねっ返りは筋金入りで、幼少期は天邪鬼といわれ、少年期には可愛げがないといわれ、青年期には時代を先取りしすぎといわれ、30歳を越えてくると、カリスマといわれる。

そんな不思議な他者評価を得たり、成長過程を見せる星座でもあります。

その一連の変化から、生まれた瞬間から〝時代を作っていくため、未来を見据えたあり方・生き方を伝えるために生まれた〟人であることがわかりますが、それはこと恋愛でも発揮されるようです。もともと偏見や、いろいろな○○すべき論を持たない人たちであり、自由な人たちなので、年齢が一回り二回り違う人と結婚するとか、超遠距離の夫婦生活をしている人もいるでしょうし、LGBTQ等への理解もあるので、そういうところにも〝壁〟を設けない博愛の人、それが水瓶座の愛の本質です。

「みんな違ってそれでいい」なんていいますが、これからは「みんな違ってそれがいい」の時代へと変わっていくので、水瓶座としては当然ですが俄然生きやすくなるはずです。

ますますその尖った個性が発揮しやすくなり、周りの理解も得られるようになっていくでしょう。たとえば、ポリアモリーや複数家庭での長屋生活とか、なんなら複数のファミリーでヴィレッジを作る等、恋愛や結婚を超えたコミュニティと縁を結ぶような〝we are all family〟のような形をとる人もいるかもしれません。

水瓶座の人は、カリスマ運がどんどん増していきますから、世界・社会・地域から求められることが増えるでしょう。

今まで以上に活動の幅が広がるので、既存の関係とは違う人たちの中に新たなご縁が見つかったり、そこに新規のパートナーが登場するという暗示もあります。

革命の星・天王星が牡牛座にいて、それは水瓶座からすると〝家庭・ベース・家〟を表すことから、別荘や複数の拠点を持ったりして、各地にその影響力が拡大し、水瓶座ワールドが世界を席巻していくでしょう。

そのように水瓶座は次代のリーダーとなる人たちで、〝大きな力を持ち、渦の中心〟となれる人なので、率先して〝今までの常識とか慣例を覆すようなこと〟を始める人もいそうです。

なんなら仕事として、新時代的な恋愛・結婚・縁結びツール的なものや、新しいマッチングサービス等を始める人も水瓶座の中から出てくるかもしれません。

水瓶座自身の恋愛についてですが、今後のアクエリアス（水瓶座）時代に大きく変わるかと言われれば、実は水瓶座は〝もともとがアクエリアス思考〟なので（当然ですが）そこまで大きく変わるという予感はありません。

ただ、世の中があなたの思考に追いついてきた！という方が正しいのかもしれません。

この項を読んでいただいたあなたなら、たしかにそうだ、今までは苦しかったけれど……、などと思われたかもしれません。

でも、これからは自分らしさをフルに発揮していただいて大丈夫です。

なぜなら、風の時代とは〝あなたが主役になれる時代〟であり、あなたが100％のあなたでいることで時代を牽引していくメインドライブとして輝ける時代なのですから。

Aquarius

Pisces

♓

魚座

2/19-3/20

表も裏もなく全てをさらけ出していく

魚座の性質 ◆ 土の時代の振り返り

少し占星術の専門的な話にはなってしまうのですが、皆様お馴染みの12星座（牡羊座〜魚座）にはナンバリングがあります。1番の牡羊座からスタートし、最後、12番手の魚座で終わるというものなのですが、それは人の成長過程等にも例えられることがあります（実際に各星座は各年齢域特有の精神・意識を持つとされています）。

例えば、1番牡羊座は元気爆発！　感情とアクションが直結している幼子で、2番で五感を学ぶ幼少期となり、3番でコミュニケーションや他者との関わりを学び……、そして10番の山羊座で社会・世界観を構築し、人の成長、または物質的な進化はそこで一旦は終わりを迎えます。

では、残りの11、12番である水瓶座、魚座は何を担当していくかというと、この辺りは実は諸説あるのですが、水瓶座は未来や宇宙を、そして魚座は霊的なもの、精神性とか悟りの意識といった、ともに今の時代では人の世界の領域外ともいえるところを担当しています。

未来といっても水瓶座全員が未来予知をするわけではありませんし、魚座の人たち全員がスピリチュアル担当というわけでもないでしょう。

ただ、一つ間違いなくいえるのは、これからの時代は〝個性の時代〟とか〝異端児が活躍していく時代になる〟ということ。そして、そういう変化をもたらす〝時代のシフター・チェンジャー〟とは、おそらく〝未来・精神性・浄化〟というエネルギーを持つ水瓶座や魚座色の強い人たちなのではないかということです。

その中でも魚座は12星座のサイクルの最後、大トリを務める星座です。

ラストというのは某歌合戦やいろいろなコンテンツを見てもわかるように、〝大物・実力者〟、きちんと締めることができる人たちが配されるものです。

そして魚座の人は、言うまでもありませんが、その役を務めるに足る大きな力を内に秘める存在です。

12のサイクルでスタートして、1つのサイクルが終わると、次の螺旋へと人の魂、社会の軸はステージアップをしていくこととなります。

占星術の4元素でも火・土・風・水とありますが、最後は必ず水となり（この4つの順番は基本的には変わることはありません）、魚座が最後の〝大祓い〟をして、以前の11星座が変えてきたこの世界をクリーンにし、次の世代・サイクルの主人公たちへと時代のバトンが渡っていくことになるのです。

では、この風の時代、〝オリジナリティ・個性の時代〟に魚座は一体どう生きればいいのでしょうか。

その答えは実は意外と簡単なもので、今までの時代である土の時代は〝スムーズに生きるために体裁を整えること〟や〝表向きの顔を持つこと〟が大事とされてきましたが、これからの時代は外用のパッケージの裏に封印されていた本来の顔や本来の姿をアンロックし、表に打ち出していくといいのです。

そしてもうすでにご存じかと思いますが、魚座の人たちは封印していたとしても封印しきれず漏れ出てしまうほどに〝個性が強い〟人たち。

オリジナリティの塊とも言える、キャラの爆弾のような存在。それが魚座です。

では次の項では、風の時代にその個性やミラクルな魚座パワーを活かしていく方法、風の時代の成功戦略をお伝えしたいと思います。

風の時代の成功戦略 すごい力を得るための通過儀礼が頻発

風の門が開けば、次世代の主軸である水瓶座のエネルギーが魚座のソーシャルメディア運を刺激します。魚座の人はこれからの世界では、ブログやSNS等各種ソーシャルメディアを使い、発信や配信等を通し、広く世に自分の存在・キャラクター・サービス等を打ち出していくことになるのかもしれません。

　魚座の人たちにその実感があるかどうかはわかりませんが、魚座とは本来〝届けること・繋ぐこと〟をそのエネルギーの本質に持つ星座です。

　守護星の海王星が〝スピリチュアル・メディア（メディウム）・代替医療・領域をぼかすこと・癒やし・ケア・インスピレーション・創造性〟といったものを司るといわれていることからもわかるとおり、そもそもそういった領域に大変適性があるのでしょう。

　また、魚座の人はその内側に、表に出したくない何かや引っ込めておきたい何かを持っていたり、習性として秘めごとの一つや二つを持っていたい願望があったりします。

　ただ、囲いがなくなる風の時代には、その〝何か〟を白日のもとに晒すとか、ロックを解放して世界に向けて発信していくことになるでしょう。

　アクエリアス（水瓶座）の時代の初期の頃（2020〜2023年）には、特に魚座の人たちにはそういったことが顕著に起こりそうで、家に取材が来るとか、過去の出来事を根掘り葉掘り誰かから聞かれるとか、自己なるもの・スタイル・生き方・趣味など、いろいろなことを世間に打ち出していくこととなるような気がします。

　そして、それらはここ1、2年の間で親しくなった間柄の人たちからもたらされ、それにより、表に出すはずのなかったものが続々表に引き出されて、それが今後のあなたの武器になっていく可能性すらあると星々は告げています。

また、人気運が激しく向上しているときでもあるので、数年をかけずともSNS等でフォロワー等が爆増したり、メディアで連載やコーナーを持つことになったりする人もいるでしょう。

それに伴い、自分が神輿を担がれ、何かを取りまとめたり仕切ったり運営したり、また改革のメスを入れていく役を任されるなど、表に出ていく機会、責任が大きめなことを担当することも増えていくかもしれません。

その後、2023~2026年までは一気に変化・変容のスピードが加速し、またそれと並行して、自分のあり方・肩書を大きく変えていく魚座の人は多いかもしれません。

ちょうどその期間は土星という試練の星が魚座に入っているタイミング。その間はどうしてもいろいろな通過儀礼のようなことが頻発するでしょう。

今までだったらOKだったことがそうではなくなったり、日々のルーティーンを変えざるをえなくなったりして、公私ともにいろいろな変化が起こっていくはずです。

それもそのはず、この〝試練の星〟は約30年に一回しかあなたの元に戻ってこないものなので、平均寿命まで生きるとしても生涯で2、3回ほどしか体験することのないレアな機会。

ただ、人生のステージを上げるためにやってきている〝試験期間〟のようなものなので、臆せずに、そして逃げずに変化や新たな負荷に立ち向かうようにしましょう。

この期間が終わったとき、2027年になれば、まるでどこかの道場で秘密特訓をして、そこにいる名人に稽古をつけてもらった後のように、数段上の力を得ている自分がいるのを実感できるはずです。

Pisces

風の時代の恋愛論 ネット婚活と魚座はかなりの好相性

ここ数年（執筆時：2019〜2020年）、魚座の人の人生には急速にＩＴ化の波がやってきているのではないでしょうか。

例えば、携帯電話を最新型に変えるとか、ＳＮＳ等を前以上に駆使するとか、ライブ配信をスタートするとか、人によってその程度は様々で、ＩＴリテラシー等によりばらつきはあると思いますが、魚座の人たちほどに〝いきなり発信役〟になっていく人たちも珍しいのでは？　と思われます。

今まで潜伏していたのに、急に表舞台に出てきた！という感じがある、陰の実力者、もしくは表に出ないとずっといわれてきて、やっと表にその姿を現した〝大ボス登場！〟的な真のカリスマ。そんなイメージがここ数年の魚座に最も沿うものですが、いわゆる恋愛運もそのあおりを大きくうけて、今までとは違うタイプの人たちが、巨大な提灯アンコウの光に魚たちが吸い寄せられてくるように、あなたの周りにたくさんやって来ることでしょう。

このご時世ですから活動領域もリアルのみならずインターネットを介したものが多くなるはずで、自身のソーシャルメディア活動に比例して人気運や引き寄せ運もＵＰ！　多くのファンに囲まれたり、またその活動を支援してくれる人たちにも恵まれるはずです。

また、意外かもしれませんが、最近トレンドにもなってきている〝ネット婚活〟も、個性が爆発している新しもの好きな魚座のあなたには、実はかなりフィットしているツールです。

実際にそういったアプリを使って運命の人に出会うということもあるでしょうし、また、もともとデジタルとかインターネットに適性を持つ魚座の人たちはそういう新しい価値観の世界でも引く手数多の強者となれるはず。

今までの古典的な〝お見合いの世界〟は「御免こうむりたい」と思っていたかもしれませんが、このデジタル婚活は広く世界にあなたの魅力を告知し、圧倒的に多い分母の中からあなたの〝オンリーワン〟を見つけることができるので、実は12星座の中で最も管轄領域・担当する世界が広い魚座の人にはうってつけの手段。

しかも知人の紹介等を介してリアルに出会うことに比べて、マッチングしなくてもあと腐れがないので、際立った個性があるのについそれを隠しがちな魚座の人にはどう考えても〝よい側面〟しかないような恋愛・結婚手段だと思います。

また配信等をしていく中で、そのオフ会とか配信者同士の会で出会う人たちも恋の相手としては妥当です。

パワーバランスが合っていることが非常に重要なので、社会でのパワーが担保されていて個性的な生き方をしている人がいたら、狙いを定めてみるなど、少し意識してしまってもいいのかもしれません。

少し先の話にはなりますが、2023〜2026年は試練の星・土星が頭上にやってくることから、魚座の人たちが大きく変容していくときとなっています。

変容という意味で、当然その3年の間には結婚・出産・転居・起業・転職等が増えるはずなので、その前の3年間（2020〜2022年）にはよき出会いがあったり、ソウルメイトともいえる人と縁が結ばれるなど、素敵な変化が起こることが予見されます。

まず、風の門が開いてすぐの頃（2020年12月22日）に仕事や住まい等、ライフスタイルや人生で求めるもの、そのゴール像が新しいものへと刷新していくかもしれません。そして、積極的に外の世界と関わることが〝開運のキー〟となっていますので、決して閉じ込もることなく、外へ外へとつながりを求めていくことが重要。

積極的な自己開示が現状打破に繋がり、また、自分に良縁をもたらすファーストアクションになるといえそうです。

✦エピローグ✦

今、私は岡山のホテルでこの原稿を書いています。

コロナの影響で東京にいても通常どおりの日々を送ることができなくなってしまったので、しばし工事等の騒音で賑やかしい都会を離れ、執筆に専念しているというわけです。

本文中で新型コロナウイルスによって世界が一変したこと、そしてアフターコロナの世界はまるで今までと違うものになるであろうことはたくさんたくさん、それこそお腹いっぱいになる程お伝えしたので、ここでは今思うこと、そしてこれからのことについて書き進めたいと思います。

2020年8月現在、星の世界を通してこの地球を見ていて思うのは、やはりbefore/afterと経済番組や各評論家の先生方がおっしゃるように、以前の生き方・オールドスタイルの生き方にはもはや戻らなそうだということです。

日本でも明治維新以降に髷を結うスタイルに戻らなかったように、また武士階級が刀を取り上げられて市族・平民となったように、これからの私たちが進む世界は風の時代の新常識がまかり通る世界で、そこにいち早く乗れた人たちがこれからの時代をリードしていくのではというのは、やはり本文執筆中からずっと変わらずに感じていたことで、その感覚・

考えはこれからも変わることはないように思います。

時代が変わればその時代におけるマストやメインツール・力の象徴も変わっていく。

これはもう疑いようもない事実だといえるでしょう。

昔は武士の嗜みであった〝武道の心得〟を今の日本において〝嗜める〟人はいったいどれほどいるでしょう。また、「亡くなったら古墳を作って欲しい」などという会社社長等は正直見たことも聞いたこともありません。ただ、そのかわり、今の土の時代がまだまだ全盛の現代では、文明の利器ともいえる車や飛行機、携帯電話、パソコン等が圧倒的に普及し、田舎にいけば、大人は一人一台車を持つことが普通ともいえるほどに日常の足となり、〝運転スキル〟や〝PCスキル〟は今や多くの現代人の〝嗜み〟となっています。

そういった〝嗜み〟や〝常識〟は、時代が変われば前述のように必ず移ろっていくものです。

土の時代には車や家電等を所有し便利な日々を過ごし、生産性を上げていくこと、その前の火の時代には武術や礼法等が日常の〝当たり前〟になっていきました。これからの風の時代には、一体何がスタンダード化していくのでしょうか。

✦エピローグ✦

風の時代は知性・知恵・精神・スピリットというものが重要視され、more and moreからless is moreになっていくということから、これからは自分という器を徹底的に極めよう、深掘りしていこうという動きが顕著になっていくような気がしています。

人より何かを多く持っていることよりも、自分100%の状態でいることやそれに近い状態でいることがクールだと思われたり、はたまた未だ解明されていない人の感覚・センサー・性質を発見するなど、人の外ではなくて、内側にあることに人々の探究心は向かっていく、風の時代とはそんな時代になっていくような気がしてなりません。

そうして考えると、これは相当〝私の世界観〟寄りな物言いかもしれませんが、風の時代の嗜みとは〝星を読むスキル・星を読むセンス〟だといえるような気もします。

星読み・東洋の占術とは、宇宙のリズム・ビートを知るために用いられる古代からの叡智の結晶であり、宇宙と繋がるためのホットラインのようなもの。その一つがホロスコープだとするならば、これから人類が迎えるコズミックエイジにおいては、皆が知るべき〝宇宙とシンクロするためのニュースタンダードでありベーシックともいえるリテラシー〟の一つだといえるのではないでしょうか。

あと200年もすれば次の時代である水の時代にまた世のバトンは渡ります。その頃には、今の私たちが自転車や自動車を普通に運転しているように、「水星逆行だから学校が休みになるとか、○○星がコンジャンクションしているから○○の取引が過熱する！」といったこと、星のリズムを日常に用いることが〝嗜み〟になっている可能性すらあります。

今の世では若干〝常用語〟であるとは言いづらい星の言語たち。それが日常会話の中に〝当たり前〟のような顔をして紛れ込んでいる。風の時代の最終盤を迎える頃にはそんな世界になっているかどうか。

もちろん限りある命・寿命を持つ私たちにはその検証のしようはありません。

ただ、この本を手に取ってくださった読者の方々の孫の孫の世代あたりであれば、それも明らかになると思いますので、未来の世界においてこの本を見てくださっている子孫たちに検証の役目を託しつつ、この本を締めくくりたいと思います。

2020年　8月　岡山にて

＊本文は書き下ろしと、noteマガジン『風の道が星の道と交わるところ』に発表した原稿に加筆・修正したものとで構成されています。

yuji

星読み係、ヒーラー。香川県高松市生まれ。18歳でイタリアに渡り、現地大学院卒業。ミラノにてプロダクトデザイン事務所に勤務するも、ヒーラーとしての宿命に抗えず拠点を東京に移し、ヒーラーとして活動する決心をする。現在は個人鑑定、連載、講演など、幅広い分野で活躍中。毎日星読みを行い、星々からのメッセージをSNSにて発信している。著書に『星2.0』(光文社刊)、『yujiの星読み語り』『神さまと顧問契約を結ぶ方法』『神さま手帖』(すべてワニブックス刊)、『めくるだけ聖地巡礼 POWER BOOK』(幻冬舎刊)など。

ブログ https://ameblo.jp/uenopasiri/
Twitter @yujiscope

STAFF
装丁　井上新八
本文デザイン　羽鳥光穂
マネジメント　山﨑真理子

「風《かぜ》の時代《じだい》」に自分《じぶん》を最適化《さいてきか》する方法《ほうほう》
220年《ねん》ぶりに変《か》わる世界《せかい》の星《ほし》を読《よ》む

2020年11月18日　第1刷発行
2021年1月12日　第6刷発行

著　者　yuji《ゆーじ》
©yuji 2020, Printed in Japan
発行者　渡瀬昌彦
発行所　株式会社 講談社
〒112-8001
東京都文京区音羽2-12-21
編集　☎03-5395-3814
販売　☎03-5395-3606
業務　☎03-5395-3615
印刷所　大日本印刷株式会社
製本所　株式会社国宝社

落丁本・乱丁本は購入書店名を明記のうえ、小社業務あてにお送りください。送料小社負担にてお取り替えいたします。なお、この本についてのお問い合わせは、ミモレ編集部あてにお願いいたします。本書のコピー、スキャン、デジタル化等の無断複製は、著作権法上での例外を除き禁じられています。本書を代行業者等の第三者に依頼してスキャンやデジタル化することは、たとえ個人や家庭内の利用でも著作権法違反です。定価はカバーに表示してあります。

ISBN 978-4-06-521313-1